LEARN HUNGARIAN WITH FAIRY TALES

ISBN: 978-1-987949-89-6

This book is published by Bermuda Word. It has been created with specialized software that produces a three line interlinear format.

Please contact us if you would like a pdf version of this book with different font, font size, or font colors and/or less words per page!

LEARN-TO-READ-FOREIGN-LANGUAGES.COM

Dear Reader and Language Learner!

You're reading the Paperback edition of Bermuda Word's interlinear and pop-up HypLern Reader App. Before you start reading Hungarian, please read this explanation of our method.

Since we want you to read Hungarian and to learn Hungarian, our method consists primarily of word-for-word literal translations, but we add idiomatic English if this helps understanding the sentence.

For example:
mindannyian kudarcot vallottak
all of them failure sustained
[failed]

The HypLern method entails that you re-read the text until you know the high frequency words just by reading, and then mark and learn the low frequency words in your reader or practice them with our brilliant App.

Don't forget to take a look at the e-book App with integrated learning software that we offer at learn-to-read-foreign-languages.com! For more info check the last two pages of this e-book!

Thanks for your patience and enjoy the story and learning Hungarian!

Kees van den End

LEARN-TO-READ-FOREIGN-LANGUAGES.COM

TARTALOMJEGYZÉK
Contentlist
(Table of Contents)

NEM IGAZ
Not true

Volt egyszer egy gyönyörű, de nagyon szeszélyes
Was once a beautiful but very whimsical
(There was)
hercegnő.
princess

Ez a hercegnő közzétetette, hogy csak ahhoz a férfihoz
This princess announce-let that only with that man-with
(let it be announced) (man)
megy feleségül, aki az apjának olyan történetet mesél,
goes to become wife who the her father such story tells
(she will) (marry) ()
amelyet a király képtelen elhinni.
that the king impossible to believe
(can not) (believe)

Éppen akkor a faluban tartózkodott egy szegény
Just then the village in dwelt a poor
(stayed)
parasztlegény, aki, hallván a bejelentést, a királyi
peasant youth who hearing the announcement the king's

palotába ment, hangosan kopogott a kapun, és
palace to went loud knocked the gate on and

bebocsátást kért a király színe elé.
admission wished the king presence-his before
('s presence)

A	király	nagyon	jól	tudta,	hogy	mi	járatban	van	a
The	king	very	well	knew	that	what	walk in	is	the
							(intention)		

parasztlegény,	mert	akkorra	már	több	herceg	és	lovag
peasant youth	because	by that time	already	more	prince	and	knight
					(princes)		(knights)

is	tiszteletét	tette	nála,	hogy	elnyerhesse	a	gyönyörű
also	honour-his	made	with him	to	may win	the	beautiful
	[paid their respect]						

hercegnő	kezét,	de	mindannyian	kudarcot	vallottak.
princess	hand-her	but	all of them	failure	sustained
	(her hand)			[failed	]

Így	hát	István,	a	parasztlegény	is	bebocsátást	nyert	a
Like this	now	Stephan	the	peasant youth	also	admission	won	the
								()

király	fogadótermébe.
king	palace-his-into
[into the	king's palace]

"Jó	reggelt	kívánok,	Király	Uram!",	mondta.
Good	morning	I wish	King	Mylord	he said

7 Nem Igaz

"Jó reggelt, fiam. Mi járatban vagy?" , kérdezte a király
Good morning my son What walk in are asked the king
(intention) (have you)

barátságosan.
in a friendly manner

"Feleséget szerezni jöttem, Király Uram."
Wife to obtain I came King Mylord
(A wife)

"Ez **nagyszerű**, fiam, de hogyan fogod eltartani?"
This great my son but how will you maintain
(This is) (maintain her)

"Ó! Azt hiszem, elég kényelmesen el fogom tudni
Oh That I believe rather comfortably clear (I) will be able
[I will be able to maintain her rather comfortably

tartani. Apámnak van egy disznaja."
to keep Father-my-with is a pig-his
] [My father has a pig]

"Elhiszem." , mondta a király.
I believe it said the king

"Egy **nagyszerű** disznó, Felség. Ez a disznó az utóbbi
A great (fine) pig Majesty This pig the last

húsz évben eltartotta apámat, anyámat, hét **nővéremet**
twenty year-in (years) provided for father-my (my father) mother-my (my mother) seven sisters-mine [my seven sisters]

és engem is."
and me too

"Elhiszem.", mondta a király.
I believe it said the king

"Minden reggel egy jó liter tejet ad nekünk, mint
Every morning one good litre milk gives to us as

bármelyik tehén."
any cow

"Elhiszem.", mondta a király.
I believe it said the king

"És a legízletesebb tojással szolgál reggelire, Felség."
And the tastiest egg-with (eggs) serves for breakfast Majesty

9 Nem Igaz

"Elhiszem." , mondta a király.
I believe it said the king

"Anyám pedig minden reggel egy jó nagy szelet
Mother-my moreover every morning one good big slice
(My mother)

szalonnát hasít ki az oldalából, ami minden éjjel
bacon cuts out the side-his-from that every night-with
[cuts from his side] (night)

visszanő."
back grows

"Elhiszem." , mondta a király.
I believe it said the king

"Egyik nap ez a disznó **eltűnt**, anyám mindenhol
One day this pig disappeared mother-my everywhere
(my mother)

kereste, de sehol sem találta."
searched it but nowhere not found it

"Ez igazán szomorú." , mondta a király.
This really sad said the king
(This is)

"Végül aztán az éléskamrában talált rá, épp egeret
Finally after that the provision chamber in (she) found onto it just (a) mouse
[discovered it]
fogott."
(he had) caught

"Nagyon hasznos egy disznó." , mondta a király.
Very useful a pig said the king
()

"Apám minden nap valamilyen megbízással a városba
Father-my every day some kind of commission with the city into
(My father)
küldte."
sent
(sent it)

"Nagyon eszes dolog az apádtól." , mondta a király.
Very wise thing the father of you of said the king
[A very wise thing of your father]

11 Nem Igaz

"Az apám összes ruháját, meg az enyémet is mindig
The father-my all clothing-his plus the mine too always
() (My father) (his clothing) ()

ő rendelte Felséged szabójánál."
he ordered Your majesty tailor-his-with
[orders with Your Majesty's tailor]

"Nagyon jófélék is." , mondta a király.
Very excellent too said the king

"Igen, Felség. És a számlákat is a disznó fizeti
Yes Majesty And the bills too the pig pays

azzal az arannyal, amit az úton talál."
with the gold with that the road on finds
[with the gold]

"Nagyon becses egy disznó." , felelte a király.
Very precious a pig answered the king
()

"Az utóbbi **időben** azonban engedetlenkedik, és nincs
The latter time in however (he) disobeys and (he) is not

valami jó formában."
some good form in

"Ez igazán szomorú." , válaszolta a király.
This really sad responded the king
(This is)

"Nem akar odamenni, ahová küldik, és már nem
Not (he) wants to go there where (he) is sent and already not

engedi, hogy anyám szalonnát hasítson az oldalából."
allows that mother-my bacon cuts the side from
(my mother)

"Akkor meg kell büntetni!", mondta a király.
Then also must punish said the king
[you must punish him]

13 Nem Igaz

"Ezen kívül, Felség, egyre rosszabbul is lát, azt sem
On this beyond Majesty continually worse too sees (so) that neither
[Besides]

látja, hová megy."
(he) sees where (he) is going

"Akkor vezetni kell!", mondta a király.
Then to lead is needed said the king
(to lead him)

"Igen, Felség, ezért fogadta fel az apám Felséged
Yes Majesty this because got up the father-my your Majesty
[hired] () (my father)

atyját, hogy a disznónak gondját viselje."
father-his to the pig for his trouble hold
('s father) [take care of]

"De hát ez nem igaz!", kiáltott fel a király, majd
But now this (is) not true roared up the king then
(out)

hirtelen eszébe jutott lánya ígérete.
suddenly reason-his-in came in daughter-his promise-her
[remembered] [his daughter's promise]

15 Nem Igaz

Így hát a király kénytelen volt a **hercegnőt** a
So now the king obliged was the princess the
[Thus]
parasztlegényhez adni, amit azonban soha meg nem bánt.
peasant youth to give that however never also not regretted
(which)

A **parasztlegényből** a legokosabb és legszeretetreméltóbb
The peasant youth from the cleverest and most likeable

herceg vált, feleségével és apósával pedig boldogan élt
prince changed wife-his-with and father-in-law-his-with still happily lived
(with his wife) (with his father-in-law)
sok-sok éven át.
many many year on during
(years)

Évekkel az után, hogy Istvánból király lett, minden
Years-with thereafter that Stephan from king became every
(In the years)
embere bizton állította, hogy ilyen eszes uralkodójuk
man surely claimed that so wise ruler-their
(subject) of his (their ruler)
még sosem volt.
yet never was

Nem	talált	ki	többé	történeteket,	de	mindig	hittek	neki
Not	found [thought up]	out	longer (anymore)	stories	but	always	believed	to him

és	tisztelték.
and	respected (respected him)

17 Nem Igaz

AZ ELVARÁZSOLT BÉKA
The enchanted frog

Egyszer volt, hol nem volt, volt egyszer egy ember és
Once was where not was was once a man and
(there was) [whereverit was] ()
annak három lánya.
that-to three daughter-his
[who had three daughters]

Egyik nap azt mondja az apa a **legidősebb** lányának:
One day it said the father the eldest daughter-his-to
() [to his eldest daughter]
"Menj, lányom, és hozz egy kis friss vizet a kútról!"
Go daughter-my and bring a little fresh water the well-from
[from the well]

A lány el is ment, de mikor a kúthoz ért, egy
The girl away also was going but when the well-at reached a
(well)
hatalmas béka kiáltott hozzá a kút **mélyéről**.
huge frog out-called to her the well depth-its-from
(called out) [fromthe well's depth]

A béka azt mondta, hogy a lány addig nem húzhat
The frog it said that the girl till then not haul-may
() [may not haul water in the pitcher

a korsóba vizet, míg le nem dobja neki az ujján lévő
the pitcher-into water while down not tosses to him the on her finger being
] [until she throws in the gold ring on her finger to him

aranygyűrűt.
gold ring
]

"Mást nem akarsz? Ez minden?" , kérdezte a lány.
Other not (you) want This (is) all asked the girl
(Anything else) ()

"Nem adom a gyűrűmet egy olyan ronda teremtménynek,
Not (I) give the ring-my one as ugly creature-to
(to one) (creature)

mint amilyen te vagy!"
as such you are
[such as]

És úgy ahogy jött, vissza is fordult üres korsóval.
And like that came back too turned empty pitcher-with
() (she came) [with empty pitchers]

Az apa elküldte hát a **középső** lányát, de az is
The father sent so the middle **daughter-his** but this too
[his middle daughter] (she)

ugyanúgy járt, mint az **első**.
likewise went as the first
(fared)

A béka nem engedte, hogy vizet húzzon, mert ő sem
The frog not allowed that water (she) pulls because she neither

akarta ledobni neki az ujján **lévő** **aranygyűrűt**.
wanted to throw down for him the **finger-her** being gold ring
() (her finger)

Az apa mindkét lányát alaposan leszidta, majd a
The father both **daughter-his** thoroughly scolded then the
(daughters of him)

legkisebbhez fordult:
smallest-by turned
[turned to the smallest one]

"Erzsi, kedvesem, te mindig eszes lány voltál."
Erzsi dear you always clever girl were

"Te majd biztosan hozol nekem vizet, és nem hagyod
You then sure bring for me water and not let

apádat szomjazni."
father-your thirst
(your father)

"A **nővéreid** pedig szégyellhetik magukat!"
The **sisters-your** though may be ashamed of themselves
[Your sisters]

Erzsi felkapta a korsókat, és elindult.
Erzsi up-picked the pitchers and set off
(picked up)

A béka azonban neki sem akarta megengedni, hogy
The frog however for her neither wanted to allow that

vizet húzzon addig, amíg le nem dobja a **gyűrűjét**.
water (she) pulls till then when down not (she) throws the **ring-her**
() () (her ring)

23 Az Elvarázsolt Béka

A lány azonban, mivel nagyon szerette apját, bedobta
The girl however what-with very much (she) liked father-her into-threw
(as) (her father)

a **gyűrűt** a kútba, a béka kívánsága szerint, így teli
the ring the well-into the frog wish-his like so full
[like the frog demanded]

korsóval térhetett haza, apja nagy örömére.
jar-with return-could home father-her big joy-his-to
(jars with) (could return) [to her father's great joy]

Este, a sötétség beálltával a béka kimászott a kútból,
Evening the darkness in-stand-its-with the frog climbed out the well-from
[At the onset of darkness] (well)

majd kiabálni kezdett Erzsi apjának ajtaja **előtt**:
then to shout started Erzsi father-her-to door-his before
[Erzsi's father's door]

"Após uram! Após uram! Enni szeretnék valamit!"
Father-in-lawlord-my Father-in-lawlord-my Eat (I) would love something
[My lord father in law]

A férfi méregbe gurult, és kihívta a lányait.
The man poison-in rolled and outcalled the daughters-his
(in rage) (flew) (called out) () (his daughters)

"Adjatok ennek a ronda békának valamit egy rossz tányéron!"
Give this-to the ugly frog-to something a bad plate-on
[Give this ugly frog] [on a broken plate]

"Após uram! Após uram! Nem elég az nekem! Sült húst akarnék óntányéron!", vágott vissza a béka.
Father-in-law my lord Father-in-law my lord Not adequate this for me Roasted meat (I) would want tin plate-on cut back the frog
(sir) (sir) (on a tin plate) (retorted)

"Adjatok neki valamit egy óntányéron, vagy egyébként megbabonáz bennünket", mondta az apa.
Give to him something a tin plate-on or else (it) enchants in-us said the father
[on a tin plate] (puts a spell) (on us)

25 Az Elvarázsolt Béka

A	béka	evéshez	látott,	jó	étvággyal	falatozott,	majd
The	frog	eating-with	saw	good	appetite-with	snacked	then
		(eating with)	(started)	[with a	good appetite]		

mikor	eleget	evett,	újból	brekegni	kezdett:
when	enough	(he) ate	again	to croak	started
		(he had eaten)			

"Após	uram!	Após	uram!	Inni	szeretnék	valamit!"
Father-in-law	my lord	Father-in-law	my lord	To drink	(I) would love	something
	(sir)		(sir)			

"Adjatok	neki	valami	löttyöt	egy	rossz	edényben",
Give	to him	something	sloppy	a	broken	pot-in
				[in a	broken pot	]

mondta	az	apa.
said	the	father

"Após	uram!	Após	uram!	Nem	kell	az	nekem!	Egy	kis
Father-in-law	my lord	Father-in-law	my lord	Not	must	that	for me	A	little
	(sir)		(sir)		(is good)				

bort	akarnék	szép	kehelyben!"
wine	(I) would want	nice	tumbler-in
		[in a nice	tumbler]

"Adjatok hát egy kis bort neki!", mondta mérgesen az
Give well a little wine to him said poisonous (angrily) the

apa.
father

A béka felhajtotta a bort, majd újra kiabálni kezdett:
The frog up-rushed (guzzled up) the wine then new-onto (anew) to shout began

"Após uram! Aludni szeretnék!"
Father-in-law my lord (sir) Sleep (I) would love

"Hajítsatok egy rongyot a sarokba neki", jött a válasz.
Throw a rag the corner-into [in the corner] for him came the answer

"Após uram! Após uram! Nem kell az nekem! Selyem
Father-in-law my lord (sir) Father-in-law my lord (sir) Not is needed that for me Silk

ágyat akarok!", brekegte a béka.
bed (I) want croaked the frog

Azt is megkapta.
That too (it) got

De nem sokkal azután, hogy nyugovóra tért, újra
But not a lot-with (long) that-after (after) that resting-onto turned [he went to bed] anew
brekegni kezdett:
to croak started

"Após uram! Após uram! Egy lányt is akarok!"
Father-in-law my lord (sir) Father-in-law my lord (sir) A girl too (I) want

"Menj lányom, és feküdj melléje", mondta az apa a
Go daughter-my (my daughter) and get down beside him said the father the
legidősebbnek.
eldest one-to (to the eldest)

"Após uram! Após uram! Nem ezt a lányt akarom,
Father-in-law my lord Father-in-law my lord Not this girl (I) want
(sir) (sir)

hanem a másikat!"
but the other one

Az apa erre a **középsőt** küldte, de a béka újból azt
The father this-onto the middle one sent but the frog again that
(at this) ()

brekegte:
croaked

"Após uram! Após uram! Ezt a lányt sem akarom!
Father-in-law my lord Father-in-law my lord This girl neither (I) want
(sir) (sir)

Erzsi az, aki nekem kell!"
Erzsi that who for me is needed

"Menj, Erzsi lányom," mondta az apa egészen
Go Erzsi daughter-my said the father wholly
(my daughter)

csüggedten, "vagy ez az átkozott szörnyeteg megbabonáz
despondent or this damn monster enchants
(puts a spell on)

bennünket."
us

29 Az Elvarázsolt Béka

Így hát Erzsi befeküdt a béka ágyába.
So well Erzsi lied down the frog bed-its-in
[lied down in the frog's bed]

Az apa a kemence tetején egy lámpást gondosan égve
The father the oven top-its-on a lantern mindful alight
[on top of the oven]
hagyott, a béka azonban észrevette, és kimászott az
let the frog however noticed and climbed out the
(noticed it)
ágyból, hogy eloltsa.
bed-from that extinguish
(to) (extinguish it)

Az apa újra meggyújtotta, de a béka ugyanúgy tett,
The father anew ignited but the frog likewise acted
(again) (ignited it)
mint korábban.
as earlier
(before)

Ez háromszor megismétlődött.
This three times was repeated

Az apa látta, hogy a béka nem adja fel, így a
The father saw that the frog not gives up so the

kedves kis Erzsit, aki miatt igen aggódott, a békával
dear little Erzsi who on account of most (he) was worried the frog-with
[with the frog]

kellett hagynia a sötétben.
was needed to leave the darkness-in
(had to) [in the darkness]

Reggel, mikor az apa és a két idősebb lány felébredt,
(In the) Morning when the father and the two elder girl woke up
(girls)

szemüket-szájukat eltátották meglepetésükben.
eye-their mouth-their opened surprise-their-in
(their eyes) (their mouth) (in surprise)

A béka **eltűnt**, Erzsi oldalán pedig egy aranybarna hajú,
The frog was gone Erzsi **side-her-on** though a goldenbrown haired
[by Erzsi's side] (auburn)

délceg magyar ifjú feküdt, ruháján díszes arany
stately Hungarian youngster lay **clothing-his-on** ornate gold
(on his clothing)

paszományyal, gombokkal, csizmáján arany sarkantyúval.
braided-with **button-with** **boot-his-on** golden **spur-with**
(wearing boots) [with golden spurs]

A délceg ifjú megkérte Erzsi kezét, és miután az apa
The stately youngster demanded Erzsi **hand-her** and after the father
('s hand)

beleegyezett, igyekeztek mihamarabb egybekelni, hogy a
agreed (they) hastened to as soon as possible to wed (so) that the

keresztelő nehogy túl hamar kövesse az **esküvőt**.
baptizing not that too soon follows the wedding
(not)

A	két	**nővér**	pedig	irigykedve	nézte	Erzsit,	mivel	a
The	two	sister (sisters)	however	envying (enviously)	looked at	Erzsi	with what (as)	the

délceg	ifjú	**őket**	is	igencsak	**lenyűgözte**.
stately	youngster	they	too	rather	fascinated

Erzsi	boldogan	élt,	amíg	meg	nem	halt.
Erzsi	happily	lived	until	also	not ()	died

Aki	nem	hiszi,	járjon	utána.
Who	not	believes	go check	after her

A TÖRPE NEVE

The dwarf name-his
('s name)

Volt egyszer egy szegény favágó, aki egy nagy **erdő**
(There) was once a poor woodcutter who a big forest
[who lived on the edge of a large

szélén élt feleségével és kicsi lányával.
edge-its-on lived wife-his-with and small daughter-his-with
forest] (with his wife) [with his small daughter]

Gyakran nem tudta, hogyan enyhíthetné családja éhségét,
Often not knew how appease could family-his hunger-its
(he knew) (his family) ('s hunger)

ezért úgy döntött, hogy elviszi lányát az **erdőbe**, és
because of this so decided to away-bring daughter-his the forest-into and
(bring) (his daughter) [into the forest]

otthagyja.
leave
(leave her)

Amikor legközelebb nem jutott ennivaló sem neki, sem
When almost not was left edible neither for him neither
(something edible)
családjának, és munkát sem talált, fogta a lányát,
family-his-for and work neither (he) found (he) got the daughter-his
(for his family) (daughter of him)
elvitte magával az **erdőbe**, otthagyta egy **gyönyörű** erdei
away-took himself-with the forest-into left a beautiful forest
(took her) (with him) (her) [on a beautiful clearing in the
tisztáson, és azt ígérte, hogy hamarosan visszajön.
clearing-on and it promised that soon (he) back-comes
forest]

Hogy a gyermeket félrevezesse, zsineggel egy fadarabot
To the child mislead string-with a wood-piece
(So that) (may be misled) (with string) (piece of wood)
egy fához kötözött, melyet a szél oda-vissza himbált.
a tree-to bound which the wind there (and) back swung

A fadarab neki-nekicsapódott a fának, s ez olyan
The wood-piece to it to it-knocked the tree-to and this such
(piece of wood) [knocked repeatedly against] [against the tree]

hangot adott, mintha valaki fejszével fát vágott volna.
sound gave as if somebody axe-with tree cut would be
[as if somebody was chopping down the tree]

A gyermeket így tehát sikerült becsapnia.
The child like this so (he) succeeded to bite
(to be fooled)

A lányka közben szamócát keresett, virágokkal játszott,
The lass meanwhile strawberry looked for flowers-with played
(strawberries) (with flowers)

és egy kicsivel **később** álomba merült, mert elfáradt a
and a bit later dream-into sank because tired the
(into a dream) (she tired of)

nagy szaladgálásban.
great running around-in
(running around)

Mikor	felébredt,	a	hold	már	magasan	az	égen	járt,	és
What-time (When)	(she) woke up	the	moon	already	high	the [in the	sky-on sky]	went	and

az	apja	még	mindig	nem	jött	érte.
the	father-her	still	always (at all)	not	came	for her

A	lányka	zokogni	kezdett,	és	egyre	beljebb	ment	az
The	lass	to cry	began	and	continually	farther in	went	the

erdőben,	az	apját	keresve.
forest-in	the	father-her (father of her)	looking for

Hirtelen	meglátott	egy	kis	tüzet,	melynek	közelében
News-without (Suddenly)	(she) noticed	a	small	fire	which-to (to which)	near-its-in (vicinity)

számos	edény	alakú	tál	hevert.
several	pot	shaped	bowl (bowls)	laid

Kíváncsian	odafutott,	néhány	száraz	ágat	tett	a	kialvó
Curiously	(she) there-ran	some	dry	branch	did	the	dying
	(ran up)			(branches)	(put)		

félben	lévő	tűzre,	és	fújta,	ahogy	csak	tüdejéből	telt,
half-in	being	fire-onto	and	blew	so	just	lung-her-from	full
[about to	]	(fire)					(her lungs)	

hogy	felélessze.
that	resuscitates
(so that)	(she resuscitates it)

Mikor	megfordult,	egy	apró	embert	látott,	aki	jóindulatúan
When	(she) turned	a	little	man	saw	who	benevolently

mosolygott	rá.
smiled	onto her

Az	emberke	teljesen	szürke	volt,	fehér	szakálla,	mely
The	little fellow	totally	grey	was	white	beard-his	which
						(his beard)	

szürke	kabátjából	furcsán	kikandikált,	túlért	a	mellén	is.
grey	coat-his-from	oddly	out-stuck	over-reached	the	chest-his-on	too
(the grey)	(coat of his from)		(stuck out)	(reached over)		(chest his from)	

A	lányka	megijedt,	és	el	akart	futni,	de	a	törpe
The	lass	got frightened	and	away	wanted	to run	but	the	dwarf

visszahívta.
called back
(called her back)

A	kislány	vonakodva	szót	fogadott.
The	little girl	hesitantly	word	received
			[obeyed]	

Az	öregember	megpaskolta	a	lányka	orcáját,	és	olyan
The	old man	patted	the	lass	**cheek-her**	and	so
					('s cheek)		

barátságosan	beszélt	vele,	hogy	a	kislány	már	nem	félt
friendly	spoke	with her	that	the	little girl	already	not	feared

tőle,	és	segített	neki	a	**főzésben**.
of him	and	helped	to him	the	**cooking-in**
(him)			(him)	[with the cooking]	

A	szürke	ember	megkérdezte	a	lány	nevét,	és	azt	is,
The	grey	man	asked	the	girl	**name-her**	and	it	too
						(her name)			

hogy	ki	az	apja.
that	who	the	**father-her**
			(father of her is)

A kislány könnyes szemmel felelt, a törpe pedig
The little girl tearful eye-with answered the dwarf though
[with tearful eyes]

megvigasztalta, és azt mondta neki, hogy maradjon vele,
consoled and it said to her that could stay with him
(consoled her) (she could stay)

befogadja.
took in
(he adopts her)

A lányka elfogadta az ajánlatot, az öregember pedig a
The lass accepted the offer it old man in turn the

házába vezette.
house-his-into guided
(house of him into) (guided her)

A háza egy nagy odvas fában volt.
The house-his a big hollow tree in was
(house of him)

Ágyául egy halom levél szolgált.
Bed-his-as a pile leaf served
(As his bed) (pile of) (leaves)

Az kisember készített egy másik ágyat, hogy a fáradt
The small man prepared an other bed that the tired
(so that)

lányka lefeküdhessen, és pihenhessen.
lass could lie down and could rest

Másnap reggel a törpe felkeltette a lányt, és azt
Following day (in the) morning the dwarf woke up the girl and it
(The following day) ()

mondta, hogy el kell mennie.
said that away must go

Amíg a törpe távol volt, a lányka vigyázott a házra,
While the dwarf distant was the lass guarded the house-onto
(away) (house)

vagy, ahogy az emberke hívta, az odúra.
or what the little fellow called the hollow-onto
(hollow)

43 A Törpe Neve

A törpe hamarosan visszatért, és megmutatott neki
The dwarf soon returned and showed to her

mindent.
everything

Megtanította főzni, és a mindennapi házimunkát elvégezni.
Taught to cook and the daily housework to finish
(He taught her)

A nap így hamar eltelt, és már itt is volt az
The day like this soon passed and already here too was the

éjszaka, mielőtt észrevehette volna.
night before (it) would be noticed
[before she knew[it]]

Több évig éltek így boldogan és elégedetten.
Several year-until lived like this gladly and contently
(years) (they lived)

A lányka pedig olyan nagyra nőtt, hogy majdnem egy
The lass though so tall grew that nearly a

fejjel magasabb volt erdei apjánál.
head-with taller was forest- father-her-at
(head) [than her forest-father]

Egyik este azt mondta a törpe, hogy itt az ideje,
One evening this said the dwarf that here the time-her
(time of her is)

hogy megtervezzék a lányka jövőjét.
to plan the lass future-her
(her future)

45 A Törpe Neve

"A	**királynőnek,"**	mondta	a	törpe,	"aki	a	közelben	lakik,
The	queen-to	said	the	dwarf	who	the	vicinity in	lives
	(queen)							

szüksége	van	egy	**hűséges**	szolgálóra."
need-her	is	a	loyal	maid-onto
[has need of	]			(maid)

"Arra	jártam,	és	beajánlottalak	nála,	ő	pedig	hajlandó
That onto	(I) was	and	recommended warmly	to her	she	in turn	is willing
(There)			(I recommended you)				

téged	felvenni."
you	to take on

A	törpe	azt	is	hozzátette,	hogyha	a	lány	**megfelelően**
The	dwarf	this	too	added	that-if	the	girl	adequately

viselkedik,	akkor	élete	végéig	nem	lesz	gondja.
behaves	then	life-her	end-its-until	not	will be	worry-her
		[until her	life's end]	[she	won't	have to worry]

Másnap	reggel	együtt	mentek	a	kastélyba.
Following day	morning	together	(they) went	the	castle-into
(On the following)				[into	the castle]

A	hajadont	bemutatták	a	**királynőnek**,	aki	felfogadta.
The	maiden	presented	the	queen-to	who	hired
		(was presented)	[to the	queen]		(hired her)

A	lány	szeretettel	búcsúzott	erdei	apjától,	aki	megígérte,
The	girl	with love	said goodbye	forest-	father-her-from	who	promised
				[to her	forest-father]		

hogy	minden	vasárnap	meglátogatja.
that	every	Sunday-on	visits
		(Sunday)	(he visits her)

A lány nem olyan rég dolgozott még a palotában,
The girl not so long worked yet the palace-in
[in the palace]

mikor a fiatal király, aki hadban állt egy másik
when the young king who army-in stood an other
[was at war] [with another

királlyal, **győztesen** tért haza a háborúból.
king-with victoriously returned home the war-from
king] [from the war]

A fiatal királyt **elbűvölte** a lány, és feleségül akarta
The young king was enchanted by the girl and wife-his-as (her) wanted
(as his wife)

venni.
to take

A **királynő**, aki szintén kedvelte a hajadont, a
The queen who likewise liked the maiden the

beleegyezését adta.
consent-her gave
(consent of her)

Mikor a Szürke Ember, ahogy a kastélyban hívták,
When the Grey Man that (who) the castle-in [in the castle] was called

újból eljött a lányát meglátogatni, a királynő elmondta,
again came the daughter-his (daughter of him) to visit the queen related

hogy a fia szeretné feleségül venni az ő lányát.
that the son-her (son of her) would like wife-his-as (as his wife) take the his daughter-his (daughter)

És azt is mondta, hogy ő beleegyezett a házasságba,
and this too said that she agreed the marriage-into [to the marriage]

és már csak a szürke embernek kell kifejeznie óhaját.
and already only the grey man-for (man) is needed (must) to express wish-his (his wish)

Az	öregember	elkeseredésében	azt	felelte:
The	old man	sourness-his-in (in his sourness)	this	answered

"A	király	csak	akkor	veheti	feleségül	a	lányomat,	ha
The	king	only	then	may take	wife-his-as (as his wife)	the	daughter-my (daughter of me)	if

kitalálja	a	nevemet."
(he) finds out	the	name-my (name of me)

Ezzel	elhagyta	a	kastélyt,	és	visszatért	az	erdőbe.
This-with (With this)	(he) left	the	castle	and	returned	the [into the	forest-into forest]

Szokás szerint tüzet rakott, és főzni kezdett. Főzés
Habit according to fire stacked up and to cook started Cooking
[As usual] (The cooking)
közben a tűz körül ugrándozott, és azt énekelte:
during the fire round (he) jumped about and this sang

Főj, fazék, főj!
Cook pot cook

Hogy a király meg ne tudja
That the king () not knows
[does not know]
Az én nevem Winterkölbl!
The I name-my Winterkölbl
[My name]

A király nagyon nyugtalan volt, ezért elküldte egyik
The king very restless was because of this sent a

szolgáját, hogy tudja meg az öregember nevét.
servant-his to know more the old man name-his
(servant of him) (get to know) ('s name)

51 A Törpe Neve

A szolgáló meghallotta az öregember énekét, és futott
The servant heard the old man song-his and ran
('s song)

is vissza a kastélyba.
also back the castle-into

Megmondta a királynak a törpe nevét, amiért sok-sok
(She) Told the king-to the dwarf name-his which-for much much
[to the king] ('s name) (for which)

arany ütötte a markát.
gold struck the hand-her
(she received into hand of her)

Mikor a törpe visszatért, a király így üdvözölte:
When the dwarf returned the king like this welcomed
(welcomed him)

"Isten hozta, Winterkölbl Apámuram!"
God with-you Winterkölbl Father-dear-mine

Az öregember látta, hogy túljártak az eszén, és
The old man saw that (they) overwent the reason-his and
(outsmarted) (wit of him)

beleegyezett a házasságba.
agreed the marriage-into
[to the marriage]

Az esküvőt ünnepélyesen megtartották, még Winterkölbl is
The wedding festively (they) held yet Winterkölbl too
(and)

ott volt.
there was

Arra nem tudták rábeszélni, hogy a kastélyba költözzön,
That-to not (they) could persuade to the castle-into move
(persuade him) [in het kasteel]

így ott folytatta életét, ahol korábban is élt: az odúban.
so there continued life-his where earlier too lived the hollow-in
(his life) [in the hollow]

A LÁTHATATLAN JUHÁSZLEGÉNY
The invisible young shepherd

Egyszer volt, hol nem volt, volt egyszer egy szegény
Once (there) was where not (it) was was once a poor
(wherever) ()
ember.
man

Ennek a szegény embernek volt egy nagyon jámbor
This-to the poor man-to was a very pious
(This) () (man) (had)
fia, aki juhász volt.
son-his who shepherd was
(son)

Az egyik nap, miközben a juhokat legeltette egy
The one day what-interval-in the sheep (he) let graze a
() (One) (while)
igencsak hegyes-dombos vidéken, a legény felnézett az
rather hilly-rising country-on the lad looked up the
(hilly) (countryside) ()
égre, és egy mélyet sóhajtott, mint akinek a szíve
sky-onto and one deep sighed as whom-to the heart-his
(into the sky) (one time) [whose heart]
akarna épp megszakadni egy nagy kívánság miatt.
would want just to break a great desire on account of
[because of a great desire]

Majd halk neszt hallott, körülnézett, és azt látta, hogy
Then soft rustle heard (was audible) (he) looked around and this saw that

egy **ősz** öregember - Szent Péter sétál felé.
a gray old man Saint Peter walk towards him

"Miért sóhajtozol ilyen nagyon, fiam? Mi lenne a
What-for (you) sigh (are you sighing) so very much my son What would be the ()

kívánságod?" , kérdezte.
wish-yours (your wish) (he) asked

"Egyetlen kívánságom egy olyan tarisznya, melyet soha
Only wish-mine (my wish) a such bag which never

sem lehet teletölteni, és egy olyan suba, mely
neither may be to fill up and a such shepherd's cloak which

láthatatlanná tesz, ha magamra öltöm." , válaszolta
invisible makes if myself-onto put on (I put it on) (he) responded

tiszteletteljesen.
respectfully

Péter teljesítette a kérését, és **eltűnt**.
Peter fulfilled the request-his and disappeared
() (his request)

A legény pedig otthagyott csapot-papot, és a **főváros**
The lad though left tap priest and the head-city
[to leave everything] (capital)
irányába eredt.
direction-its-into set off
('s direction)

Úgy remélte, hogy a városban, a királynál szerencsét
So (he) hoped that the city-in the king-with fortune
(This way)
próbálhat.
may try

A királynak volt tizenkét lánya, s **ebből** tizenegy
The king-to was twelve daughter-his and this-from eleven
[The king had twelve daughters] (from these)
legalább hat pár **cipellőt** elhasznált minden este.
at least six pair shoe used up every evening
(pairs of) (shoes)

Apjuk igen bosszankodott már csak a cipők költsége
Father-their most annoyed was already only the shoes expense-its
(Their father) (' expense)
miatt is, amely a bevételének nagy részét felemésztette,
on account of too which the income-his-to big part-its consumed
() (of his income)
meg persze amiatt, hogy egyes emberek bolondnak
plus surely on account of that several people fool-to
(for fools)
nézték a lányait.
looked at the daughters-his
(took) () (his daughters)

Semmilyen furfanggal sem sikerült azonban kiderítenie, mit
No kind of trick-with neither succeeded however to reveal what
(trick) ()
csinálnak esténként lányai.
would do in the evening daughters-his
(his daughters)

Végül úgy döntött, hogy a legkisebb lányát annak a
Finally so decided that the smallest daughter-his that-to the
(then) [his youngest daughter] (to that)
férfinak adja, aki a rejtélyt megoldja.
man-to gives who the riddle solves
(man) (shall give)

A	király	ígérete	rengeteg	**kérőt**	csalogatott	a	**fővárosba**,
The	king	promise-his	many	suitor	lured	the	capital-into
		('s promise)		(suitors)		[into	the capital]

ám	a	királylányok	mindet	kinevették,	így	azok
though	the	princesses	all	out-laughed	so	they
			(all of them)	(laughed at)		

szégyenben	maradtak.
in shame	left

A	juhászlegény	is	bemutatkozott,	mert	bízott	a	subájában,
The	young shepherd	too	introduced himself	because	trusted		the shepherd's cloak-his-in
					(he trusted)		(in his shepherd cloak)

a	királykisasszonyok	pedig	szokás	szerint	ellenségesen
the	princesses	though	habit	by	with hostility
			[as usual	]	

méregették.
glared

Eljött	az	este,	a	legény	a	subáját	magára	öltötte,
Away-come	the	evening	the	lad	the	shepherd's cloak-his	himself-onto	put
(When came)						(shepherd's cloak of him)(onto himself)		

lefeküdt	a	királykisasszonyok	hálószobája	elé,	és	gyorsan
laid down	the	princesses	their bedroom	in front of	and	quickly

besurrant,	mikor	azok	aludni	mentek.
in-sneaked	when	they	to sleep	went

Pontban	éjfélkor	egy	szellem	termett	a	szobában,	és
Point in (Precisely)	at midnight	a	spirit	entered	the	room-into	and

minden	lányt	fölébresztett.	Nagy	mozgolódás	támadt:
all	girl (girls)	woke up	Great	movement (activity)	arose

a	lányok	ruhát	öltöttek,	szépítkeztek,	majd	egy	útitáskát
the	girls	dresses	put on	beautified themselves (made themselves beautiful)	then	a	travel bag

színültig	tömtek	cipőkkel.
to the brim	stuffed	shoes-with (with shoes)

A	legkisebb	királykisasszony	azonban	nem	látta,	hogy	mi
The	smallest (youngest)	princess	however	not	saw	that	what

történik.
happens

A	legény	ezért	észrevétlenül	felébresztette	őt	is,	amivel
The	lad	because of this	imperceptibly	woke up	her	too	what-with (with which)

nagy	riadalmat	keltett	a	többi	testvér	között.
big	panic	arose	the	other	sister (sisters)	amongst

Ami megtörtént, megtörtént, gondolták a **nővérek**, és arra
That what happened happened believed the sisters and that-on
[What has happened happened] (so)
csábították húgukat, hogy tartson velük.
lured younger sister-their to leave with them
(they convinced) (their younger sister)

Egy kis habozás után a lány beleegyezett.
A little hesitation after the girl agreed to it

Miután mindenki elkészült, a szellem egy tálkát helyezett
That-after everybody was ready the spirit a bowl placed
(After)
az asztalra.
the table-onto
[onto the table]

A tálka tartalmából minden lány egy keveset a vállára
The bowl content-its-from all girl a little the shoulder-her-on
(bowl's) (content from) (girls) (their shoulders)
kent, és azonmód szárnya nőtt a bekent helyen.
smeared and immediately wing-her grew the in-smeared place-on
(rubbed) (wings) [onto the rubbed spot]

A legény ugyanúgy cselekedett, majd amikor a lányok
The lad likewise acted then when the girls

kirepültek az ablakon, a fiú követte **őket**.
flew out the window-on the boy followed them
(window through)

Néhány óra repülés után egy nagy **rézerdőbe** értek,
Some hours flying after a big copper forest-into arrived

ahol egy kút volt, rézkerítésén tizenkét rézcsészével.
where a well was copper fenced twelve copper cup-with
(with a copper railing)[with twelve copper cups]

Itt felfrissítették magukat, és ittak.
Here (they) refreshed themselves and drank

A legfiatalabbik, aki most **először** vett rész az úton,
The youngest who now first took part the road-on
(for the first time) [on the journey]

rémültnek tűnt.
frightened seemed

A legény is ivott, majd mikor a többiek útnak indultak,
The lad too drank then when the others road-for started
(for the road)

egy csészét a tarisznyájába tett, meg még néhány
a cup the bag-his-into did and still some
() (into his bag) (put)

levelet is, melyet egy fáról szakított le.
leaf too which a tree-from snatched down
(leaves) [picked]

A fa hangosan megzörrent, a hangját az erdőn túl is
The tree loud rustled the sound-its the forest-on through too
() (its sound)

lehetett hallani.
was possible to hear

A legkisebb lány felfigyelt a zajra, és szólt nővéreinek,
The smallest girl noticed the noise-onto and told sisters-her
(youngest) (sound) (her sisters)

hogy valaki követi őket, de a többiek biztonságban
that somebody followed them but the others security-in

érezték magukat, és csak nevettek rajta.
felt themselves and only laughed at her

<table>
<tr><td>Továbbrepültek,</td><td>és</td><td>hamarosan</td><td>egy</td><td>ezüsterdőbe</td><td>jutottak,</td></tr>
<tr><td>Further-flew</td><td>and</td><td>soon</td><td>a</td><td>silver forest-into</td><td>arrived</td></tr>
<tr><td>(They flew further)</td><td></td><td></td><td></td><td></td><td></td></tr>
</table>

<table>
<tr><td>egy</td><td>ezüstkerítéses</td><td>kúthoz.</td></tr>
<tr><td>a</td><td>silver fenced</td><td>well-at</td></tr>
<tr><td>(at a)</td><td></td><td>(well)</td></tr>
</table>

<table>
<tr><td>Itt</td><td>is</td><td>ittak,</td><td>a</td><td>legény</td><td>pedig</td><td>ismét</td><td>egy</td><td>ezüstcsészét</td><td>és</td></tr>
<tr><td>here</td><td>too</td><td>(they) drank</td><td>the</td><td>lad</td><td>though</td><td>again</td><td>a</td><td>silver cup</td><td>and</td></tr>
</table>

<table>
<tr><td>egy</td><td>ezüstágat</td><td>csúsztatott</td><td>a</td><td>tarisznyájába.</td></tr>
<tr><td>a</td><td>silver branch</td><td>slipped</td><td>the</td><td>bag-his-into</td></tr>
<tr><td></td><td></td><td></td><td>()</td><td>(into his bag)</td></tr>
</table>

<table>
<tr><td>A</td><td>fáról</td><td>letörő</td><td>ág</td><td>hangjára</td><td>a</td><td>legkisebb</td><td>lány</td><td>megint</td></tr>
<tr><td>The</td><td>tree-from</td><td>off-breaking</td><td>branch</td><td>sound-its-at</td><td>the</td><td>smallest</td><td>girl</td><td>again</td></tr>
<tr><td>[At the</td><td>sound of</td><td>the tree</td><td>branch</td><td>breaking off]</td><td></td><td>(youngest)</td><td></td><td></td></tr>
</table>

<table>
<tr><td>figyelmeztette</td><td>nővéreit,</td><td>mindhiába.</td></tr>
<tr><td>warned</td><td>sisters-her</td><td>all in vain</td></tr>
<tr><td></td><td>(her sisters)</td><td></td></tr>
</table>

Az **ezüsterdőt** elhagyván egy **aranyerdőbe** érkeztek, egy
The silver forest leaving a gold forest-into (they) arrived a

aranykerítésű kúthoz, aranycsészékkel.
gold fenced well-at with gold cups

Itt is megálltak, a legény pedig egy aranycsészét és
Here too (they) stopped the lad though a gold cup and

egy aranyágat csúsztatott a tarisznyájába.
a gold branch slipped the bag-his-into

A reccsenést hallva a legfiatalabb lány újból
The crack hearing the youngest girl new-out (anew)

figyelmeztette a többieket, de azok ügyet sem vetettek
warned the others but they case (attention) neither made (paid)

rá.
to her

Az	**erdőt**	elhagyván	egy	hatalmas	sziklához	jutottak,
The	forest	leaving	a	huge	rock-at	arrived
			[at a huge	rock	]	

melynek	moha	borította	csúcsa	meredeken	az	égbe
which-to	moss	covered	peak-its	steeply	the	sky-into
(whose)			(peak)		[into the	sky]

emelkedett.
rose

Itt	megálltak,	és	a	szellem	egy	**aranyvesszővel**	a
Here	(they) stopped	and	the	spirit	a	golden-staff-with	the
					[with a	golden staff]	

sziklára	suhintott.
rock-onto	struck

A	szikla	megnyílt	**előttük,**	**ők**	pedig	mind	átmentek	a
The	rock	opened	before them	they	then	all	through-went	the
							(went through)	

nyíláson,	a	legénnyel	együtt.
slit	the	lad-with	together

Egy	csodás	helyiségbe	kerültek,	amely	egy	**előcsarnokba**
A	wonderful	room-into	found	which	a	foyer-into
			(themselves)			

nyílt.
opened

A csarnokot mesébe **illő** ragyogás díszítette.
The hall tale-into like splendor (was) decorated
(with fairytale-)

Tizenkét szép tündérfiú közeledett feléjük.
Twelve handsome fairy boys approached towards them

Egyre több szolgáló jelent meg, akik egy varázslatos
Still more servants appeared who a magical

bál **előkészítésével** voltak elfoglalva.
ball preparation-its-with were being busy

Mágikus muzsika zendült fel.
magical music sounded up
(started to play)

A hatalmas bálterem ajtajai kinyíltak.
The huge ballroom doors-its opened up
('s doors)

Minden olyan gondtalan és vidám volt.
Everything so carefree and cheerful was

A reggel közeledtével a királylányok - ugyanúgy,
The morning coming-its-with the princesses likewise
[At the coming of the morning]
ahogyan jöttek - hazatértek (a juhászlegény is velük
as (they) came returned home the young shepherd too with them

tartott) . Befeküdtek az ágyukba, a megszokott időben
kept Into-laid the bed-their-into the usual time-in
(kept up) (They laid down) () (into their bed)
felkeltek, mintha mi sem történt volna, pedig az
got up as if what neither happened would be though the
[as if nothing had happened] ()
ellenkezőjéről viseletes cipőjük tanúskodott.
contradiction-its-from worn shoe-theirs bore witness
(their shoes)

A király már türelmetlenül várta, hogy milyen hírekkel
The king already impatiently waited for that how news-with
(with news)
szolgál majd a juhászlegény. A legény néhány perc
(him) serves then the young shepherd The lad some minute
(minutes)
alatt elmesélte mindazt, amit látott.
under told all that that (he) saw

A király a lányait is odarendelte, de azok mindent
The king the daughters-his too there-ordered but they everything
(daughters of him) (ordered in)

tagadtak. Az ágak és a csészék voltak azonban a
denied The branches and the cups were however the

bizonyíték, meg legkisebb húguk szavai is, akit éppen
evidence and smallest their younger sister words-her too who just
(youngest) (her words)

emiatt ébresztett fel a legény korábban.
because of this woke up the lad early-in
(was woken up by) (early)

A király betartotta ígéretét, a tizenegy királylánynak pedig
The king observed promise-his the eleven princesses though
(kept) (his promise)

élete végéig a juhászt kellett szolgálnia.
life-their end-its the shepherd must serve
(their life) ('s end) (had to)

A SZERETŐ SZELLEME
The lover ghost-his
[The lover's ghost]

Egyszer volt, hol nem volt, az Óperenciás-tengeren is
Once was where not was the Operencia-sea too
[Once there was , wherever it was] (Hungarian fantasy Kingdom)
túl, élt egyszer egy fiatal lány.
over lived once a young girl

Apját és anyját elvesztette ugyan, de a falu
Father-her and mother-her (she had) lost for sure but the village
(Her father) (her mother)
legjóképűbb legényének szerelmét magáénak tudhatta.
most handsome lad love-his herself-to could know
(his love) (to herself) (knew)

Olyan boldogok voltak együtt, akár az erdei gerlicék.
So happy (they) were together as the forest-of turtle-doves
[the turtledoves of the forest]

Már kitűzték az esküvő napját is egy nem túl távoli
Already (they) set the wedding day-its also a not too distant
[the day of the wedding]

időpontra, és meghívták rá a legközelebbi barátaikat:
time onto and (they) invited to it the nearest-their friends-their
[their nearest friends]

A lány a nagyanyját, a fiú pedig egy kedves öreg
The girl the grandmother-her the boy also a kind old
[her grandmother]

barátját.
friend his
(friend of him)

Az idő repült, az esküvőre egy hét múlva sor került
The time flew the wedding-onto a week going by rank into got
(wedding) [in a week's time] [would take place

volna, de idő közben háború tört ki az országban.
to be but time between in war broke out the country-in
] [meanwhile [in the country]

A	király	minden	katonáját	behívta,	hogy	az	ellenség
The	king	all	soldier-his	called in	that	the	enemy
			(his soldiers)	(called up)	(so that)		

ellen	vonuljanak.
against	(they) proceed
	(they march)

A	kardokat	megélesítették,	a	vitéz	legények	pedig
The	swords	(they) sharpened	the	valiant	lads	so

nagyszerű,	díszesen	felfegyverezett	lovakon	özönlöttek	a
great	caparisoned	armed	horses-on	came streaming	the
(on great)			(horses)		

király	zászlaja	alá,	akár	a	méhek.
king	flag-his	under-it	like	the	bees
(king's)	(flag)	(to)			

Hősünk,	István	is	katonának	állt,	ezért	csinos	jegyesét
Hero-ours	Stephan	too	soldier-to	stood	because of this	pretty	fiancee-his
(Our hero)			(as soldier)			[his pretty	fiancee]

otthon	kellett	hagynia.
home	must	leave
(at home)		

Szürke lovát **elővezette**, nyeregbe pattant, és azt mondta
Grey horse-his (he) forth-led saddle-into jumped and this said
[His grey horse] (led out)

fiatal párjának:
young companion-his-to
[to his young

"Galambom, három éven belül biztosan visszatérek."
Dove-mine three year-on within surely (I) return
(My dove) [within three years]
bride

"Várj addig rám, és ne félj, megígérem, hogy
wait till then onto me and not be afraid (I) promise that
(for me)

szerelmemet visszahozom hozzád, és hű maradok, még
love-my (I) bring back to you and true (I) remain even
(my love)

ha ezer másik lány szépsége csábít is."
if (a) thousand other girl beauty-her lures too
(girls) (their beauty) (lures me)

Kedvese egészen a határig kísérte, és hazaindulás előtt,
Lover-her entirely the border-until (she) accompanied and going home before
(Her lover) [until the border]

nagy könnyzápor közepette szentül megígérte a
big flood of tears amidst (a) sacred vow took the
[to the

legénynek, hogy a világ minden kincse sem csábíthatja
lad-to that the world all treasure-its neither lure can
lad] [all the world's treasures]

arra, hogy máshoz menjen, még akkor sem, ha tíz
to it that another-with (she would) go yet then neither if ten
(to this) (with another) [not even] [if she has to

évet kell Istvánra várnia.
year is needed Stephan-onto to wait
wait ten years for Stephan]

A háború két évig tartott, majd a harcoló felek békét
The war two year-until lasted then the combatant parties peace
(years)

kötöttek egymással.
bound one-other-with
(concluded) (with eachother)

A lány szerfelett örült a hírnek, mivel a többiekkel
The girl extremely was glad the news-for what-with the rest-with
[was extremely glad with the news] (as) [together with the rest

együtt szerelmesét is hazavárta.
together lover-her too home expected
] (her lover)

De türelmetlensége egyre csak nőtt, és szívesen
But impatience-her ever only increased and heartily
(her impatience) (continually) (eagerly)

kiszaladt volna arra az útra, mely kedvesét is hozta,
ran out be onto the road-to which love-her too brought
[would run out] (road) (her love) (would bring)

hogy találkozhasson vele.
that meet-may with him
(so that) (she could meet up)

Legalább tízszer is kiment egy nap, de semmilyen hírt
At least ten times also went out a day but any kind of news

nem hallott Istvánról.
not heard Stephan-from
(from Stephan)

A	három	év	letelt,	elmúlt	négy	is,	de	a	**vőlegény**
The	three	year (years)	was over (were over)	passed	four	too	but	the	groom

még	mindig	nem	tért	vissza.
still	always	not	regained back (returned)	

A	lány	már	nem	tudott	tovább	várni,	ezért	elment	a
The	girl	already	not	was able	longer	to wait	because of this	went (went to)	the

keresztanyjához,	aki	(magunk	között	legyen
godmother-her-to (godmother of her)	who	ourselves [between you	between and me]	be ()

mondva)	boszorkány	volt,	és	a	tanácsát	kérte.
saying (said)	(a) witch	was	and	the [her	**advice-her** advice]	asked

Az	öreg	boszorka	kedvesen	fogadta,	és	a	**következőt**
The	old	witch	kindly	received (received her)	and	the	following

mondta	neki:
said	to her

"Holnap éjszaka telihold lesz. Menj **a temetőbe**, kedves
Tomorrow night full moon comes Go **the cemetery-into** dear
(to the cemetery) [my dear girl

lányom, és kérd meg a sírásót, hogy adjon neked egy
girl-mine and request the gravedigger that (he) gives to you a
]

emberi koponyát."
human skull

"Ha megtagadja, akkor mondd, hogy én küldtelek."
If (he) refuses then say that I sent
(sent you)

"Aztán hozd el a koponyát hozzám, és majd betesszük
That after bring away the skull to me and then put in
(Then) (bring) (we will put it in)

egy agyagedénybe, ahol egy kis kölessel együtt **főzzük**,
an earthenware wherein a little millet-with together cook
(a) (clay pot) (with a) (millet) (we cook it)

mondjuk úgy két órán át."
(let's) say some two hour-on during
(hours) ()

"Biztos lehetsz benne, hogy ez majd megmondja, hogy
Sure (you) may be in it that this then tells that (whether)

a **szeretőd** életben van-e vagy meghalt, és talán ide
the lover-your life-in is whether or (he's) dead and maybe (to) here
() (your lover) (alive) ()

is csalogatja."
too entices
(entices him)

A lány megköszönte a jó tanácsot, s a **következő** éjjel
The girl said thanks for the good council and the next night-at
(night)

elment a **temetőbe**.
away-went the cemetery-into
(she went away) [to the cemetery]

A sírásót a kapu **előtt** találta, épp a pipáját szopogatta.
The gravedigger the gate before (she) found just the pipe-his sucking at
() (his pipe)

"Jó estét kívánok, öregapám!"
Good evening wish old-father-mine
(I wish you) (grandfather)

"Jó estét, lányom! Mit keresel itt az éjnek ebben az
Good evening girl-mine what search here the night-to in this
(my daughter) (do you search) [in this hour of the night
órájában?"
hour-its-in
]

"Azért jöttem, hogy egy szívességet kérjek tőled."
Because of that (I) come that a favour (I) ask for from you

"Hadd halljam, mi az, és ha tehetem, teljesítem."
Let me hear what it and if can do accomplish
(it is) (I can do it) (I will comply)

"Rendben	van.	Egy	emberi	koponyát	szeretnék."
Order-in	(that) is	A	human	skull	(I) would like
(Ok)					

"Szívesen	adok,	de	mit	akarsz	vele	kezdeni?"
Readily	give	but	what	want	with it	to do
(With pleasure)	(I will give it)			(do you want)		()

"Magam	sem	tudom	pontosan,	a	keresztanyám	küldött
Myself	neither	(I) know	exactly	the	godmother-mine	sent
				()	(my godmother)	

érte."
for it

"Hát	legyen,	fogjad,	itt	van	egy."
Well	so be it	take	here	is	one
		(take it)			

A	lány	óvatosan	bebugyolálta	a	koponyát,	majd
The	girl	carefully	in-wrapped	the	skull	then
			(wrapped)			

hazaszaladt	vele.
ran home	with it

Miután	hazaért,	belerakta	egy	hatalmas	agyagedénybe
That-after	(she) got home	put into	a	huge	clay-pot-into
(After that)		(she put it into)			(clay pot)

egy	kis	kölessel	együtt,	és	azzal	a	tűzre	rakta.
a	little	millet-with	together	and	that-with		fire-onto	(it) placed
(with a)		(millet)			(with that)		(onto the fire)	

A	köles	hamarosan	forrni	kezdett,	és	legalább	két
The	millet	soon	to boil	started	and	at least	two

öklömnyi	buborékok	kezdtek	felszállni	**belőle**.
fist-as	bubbles	started	up-float	from it
(fist sized)			(to float up)	

A	lány	türelmetlenül	figyelte,	és	kíváncsi	volt,	hogy	mi
The	girl	impatiently	was watching	and	curious	was	to	what
			(was watching it)					

fog	történni.
would	happen

Egyszer csak egy hatalmas buborék jelent meg a
Suddenly just a huge bubble appeared out the
[Just then] (issued from)

forrongó massza tetején, és nagy robajjal kidurrant,
revolting mass surface-its and big noise-with burst
(its surface) [with a lot of noise]

mintha egy puskából **lőttek** volna.
as if a gun-from shot would be
[from a gun] [were shot]

A **következő** percben a lány azt látta, hogy a koponya
The next minute-in the girl this saw that the skull
(minute)

az edény peremén egyensúlyozik.
the pot edge-its-on balanced
(its edge on)

"Elindult",	szólalt	meg	a	koponya	sátáni	hangon.
(He) set off	said out		the	skull	satanic	voice-on
	(spoke)				[in a satanic	voice]

A	lány	egy	kicsit	tovább	várt,	majd	még	két	hangos
The	girl	a	little	longer	waited	then	another	two	loud

durranás	jött	az	**edényből**,	mire	a	koponya	azt	mondta:
bang	came	the	pot-from	what-onto	the	skull	this	said
(bangs)		()	(from the pot)	(onto which)				

"Félúton	jár."
Halfway	(he) travels
	(he is)

Még néhány perc eltelt, mikor az **edényből** három
Yet some minute passed when the pot-from three
(minutes) () (from the pot)

hangos durranás jött, s a koponya megszólalt:
loud bang came and the skull spoke
(bangs)

"Kint van. Megérkezett a kertbe."
Outside (he) is Arrived the garden in
(He arrived) [at the yard]

A lány abban a pillanatban ki is szaladt, és ott
The girl that-in the moment-in out also ran and there
(in that) (moment) () (ran out)

találta szerelmét a küszöb mellett állva.
found love-her the doorstep next to standing
(her love)

Paripája, sisakja, csizmája hófehér, de még a ruhája is
Steed-his helmet-his boot-his snowwhite but even the attire-his also
(His steed) (his helmet) (his boots) (were white as snow) (and) [his clothes]
fehér volt.
white was
(were)

Mikor elkapta a lány pillantását, azt kérdezte tőle:
When caught the girl glance-his this (he) asked from her

"Eljössz-e hozzám abba az országba, ahol élek?"
Away-come-will to me that-into country-into where (I) live
(Will you come away) (to the) (country)

"Biztos lehetsz benne, drága István, elmegyek egészen a
Assured (you) may be in it dear Stephan (I will) go entire the
[to the end of the worlc
világ végéig is!"
world end-its too
]

"Akkor	pattanj	fel	a	nyeregbe!"
Then	jump	up	the	saddle-into
		[onto	the	saddle]

A	lány	felkapaszkodott	a	nyeregbe,	majd	többször
The	girl	clambered up	the	saddle-into	then	more-time (repeatedly)

megölelték	és	megcsókolták	egymást.
(they) hugged	and	kissed	each other

"És	az	az	ország,	ahol	élsz,	messze	van	innen?"
And	that		country	where	(you) live	far	is	from here

89 A Szerető Szelleme

"Igen,	kedvesem,	nagyon	messze,	de	ne	félj,	nem	fog
Yes	love-mine (my love)	very	far	but	not	be afraid	not	shall

sokáig	tartani,	míg	odaérünk."
(a) long time	last	till	(we) there-reach (get there)

Ezzel	útnak	indultak.
With this	road-for (for the road)	(they) started

Amikor	a	faluból	kiértek,	tíz	lovast	láttak	tovavágtatni.
When	the	village-from (village)	(they) got out	ten	rider (riders)	(they) saw	forth-gallop

Minden	lovas	tiszta	fehérben,	akár	a	legfinomabb
All	rider (riders)	(were in) clear	white-in (white)	as	the	finest

búzaliszt.
wheat flour

Miután **eltűntek**, tíz másik jelent meg, akiket a
That after (they) had gone ten others presented out who the
(After that) (appeared)

holdfénynél igen jól lehetett látni.
moonlight by most well were possible to see

Ekkor István váratlanul megszólalt:
At this time Istvan unexpectedly began to speak
(suddenly)

"Milyen csodálatosan világít a hold, a hold;"
How wondrously shines the moon the moon

"Milyen **gyönyörűen** menetelnek mellettünk a holtak."
How beautifully march beside us the dead

"Félsz, szerelmem, kicsi Judit?"
Are afraid love-my little Judith
(Are you afraid) [my little beloved Judith]

"Nem félek, míg téged látlak, drága István."
Not (I) am scared while you (I) see dear Stephan

Ahogy tovább mentek, a lány száz lovast látott, akik
As further (they) went the girl (a) hundred rider saw who
(riders)

szép rendben meneteltek, akár a katonák.
beautiful order-in marched like the soldiers
(in perfect) (file) ()

Ahogy	ez	a	száz	**eltűnt**,	másik	száz	jelent	meg,	s
As	these		hundred	had gone	another	hundred	appeared		and

még	utánuk	is	jöttek.
yet	after them	too	(they) came

A	**szerető**	ekkor	így	szólt:
The	lover	this time (now)	thus	spoke

"Milyen	csodálatosan	világít	a	hold,	a	hold;"
How	wondrously	shines	the	moon	the	moon

"Milyen	**gyönyörűen**	menetelnek	mellettünk	a	holtak."
How	beautifully	march	beside us	the	dead

"Félsz, szerelmem, kicsi Judit?"
Are afraid love-mine little Judith
(Are you afraid) (my love) Judith]
[my little beloved

"Nem félek, míg téged látlak, drága István."
Not (I) am scared while you (I) see dear Stephan

Ahogy folytatták útjukat egyre több lovas **tűnt fel** gyors
As (they) continued road-their continually more rider appeared up fast
(their road) (riders) (came into sight) (in a fast)
iramban, úgy, hogy a lány már megszámolni sem tudta
pace-in so that the girl already count not could
(pace) [could not count]
őket.
them

Némelyikük annyira közel jött hozzájuk, hogy majd
Some of them so close came to them that then (almost)

lesodorta a lányt a **nyeregből**.
swept off the girl the saddle-from [from the saddle]

A **szerető** ekkor ismét így szólt:
The lover at this time again thus spoke

"Milyen csodálatosan világít a hold, a hold;"
How wondrously shines the moon the moon

"Milyen **gyönyörűen** menetelnek mellettünk a holtak."
How beautifully march beside us the dead

95 A Szerető Szelleme

"Félsz,	szerelmem,	kicsi	Judit?"
Are (you) afraid	beloved of mine	little	Judith

"Nem	félek,	míg	téged	látlak,	drága	István."
Not	(I) am scared	while	you	(I) see	dear	Stephan

"Bátor	és	ügyes	lány	vagy,	kedvesem,	látom,	hogy
Brave	and	smart	girl	(you) are	darling-mine	(I can) see	that

bármit	megtennél	értem."
anything	(you) would do	for me

"Viszonzásul,	ha	az	új	országomba	érünk,	bármit
In return	if (when)	the	new	country-my-into (country of mine into)	(we) arrive	anything

megkaphatsz,	amit	csak	a	szíved	megkíván."
(you) may get	what	only	the	heart-your [your heart]	desires

Továbbmentek, mígnem egy fekete fallal körülvett régi
Further-went until finally a black wall-with surrounded old
(They moved on) [a cemetery surrounded by a black wall
temetőhöz értek.
cemetery-to (they) reached
]

István itt megállt, és azt mondta kedvesének:
Stephan here stopped and this said sweetheart-his-to
(to his sweetheart)

"Ez a mi országunk, kicsi Judit, nemsokára megérkezünk
This we country-our little Judith soon (we) arrive
(This is) [our country]
az otthonunkba."
the home-our-into
[into our home]

Az otthon, **melyről** István beszélt, egy sír volt, melynek
The home which-from (of which) Stephan spoke a grave was which-to (where)

alján egy nyitott, üres koporsó feküdt.
bottom-on (on the bottom) an open empty coffin lay

"Menj le, kedvesem!", mondta a legény.
Go down darling said the young man

"Jobb, ha te mész **előre**, szerelmem." felelte a lány.
Better if you go in front (first) love-mine (my love) answered the girl

"Te ismered az utat."
You know the road

A legény ezzel leereszkedett a sírba, és belefeküdt a
The lad this-with descended the grave-into and lay down into the
(at that)

koporsóba.
coffin-into
(coffin)

A lány azonban, ahelyett, hogy követte volna, elfutott.
The girl however instead that (she) followed would (she) ran away
()

Olyan gyorsan szaladt, ahogy csak a lába bírta, s
So quick ran as only the foot-her endured and
() (her feet) (endured it)

egy kis udvarházban talált menedéket néhány kilométerre
a small mansion-in found refuge some kilometre-onto
(in a) (mansion) (kilometers)

a temetőtől.
the cemetery-from
(from the cemetery)

Amikor az udvarházhoz ért, minden ajtót megrázott, de
When the mansion at reached all door shook but
(doors)

az ajtók ennek ellenére sem akartak kinyílni, egyet
the doors this-for despite neither wanted to open one
(despite this) (not) [except one

kivéve, mely egy hosszú folyosóra vezetett.
except which a long hallway-onto lead
] [onto a long hallway]

A folyosó végén egy halott test feküdt díszes
The hallway end-its a dead body lag (in) ornate
[At the end of the hallway]

öltözetben egy nyitott koporsóban.
clothing-in (in) an open coffin-in
(clothing wearing) (coffin)

A lány elrejtőzött a tűzhely sötét sarkában.
The girl hid the fireplace dark corner-its-in
[in a dark corner of the fireplace]

Amikor István felfedezte, hogy menyasszonya elszökött,
When Stephan discovered that bride-his escaped
(his bride)

kiugrott a sírból, és üldözni kezdte a lányt, de minden
(he) jumped out the grave-from and to pursue started the girl but all
[from the grave]

igyekezete ellenére sem sikerült utolérnie.
effort-his despite neither succeeded to catch up
(his efforts)

Mikor a legény a folyosó végén **lévő** ajtóhoz ért,
When the lad the hallway end-on being door-with reached
[reached the door at the end of the hallway]

bekopogott, és elkiáltotta magát:
knocked into and shouted out himself
(he knocked) ()

"Halott ember, nyisd ki az ajtót egy másik halottnak!"
Dead man open out the door an other dead person for
(open) [for another dead person]

A bent **lévő** holttest a szavak hallatán remegni kezdett.
The within being corpse the words hearing to tremble began
[The corpse inside]

István újra így kiáltott:
Stephan again so roared

"Halott ember, nyisd ki az ajtót egy másik halottnak!"
Dead man open the door an other dead person for
[for another dead person]

A holttest erre felállt a koporsóban, és mikor István
The corpse this-onto up-stood the coffin-in and when Stephan
(at this) (stood up)

harmadjára is megismételte, hogy *Halott ember, nyisd ki*
for a third time too repeated that *Dead man open*

az ajtót egy másik halottnak! , a holttest az ajtóhoz
the door an other dead person for the corpse the door-to
[for another dead person] [to the door]

sétált, és kinyitotta.
walked and opened
(opened it)

"Itt	van	a	menyasszonyom?"
Here	is	the	bride-my
		()	(my bride)

"Igen,	itt	van.	A	tűzhely	sarkában	rejtőzködik."
Yes	here	is	The	fireplace	corner-its-in	(she) hides
		(is she)	[In	the corner of the	fireplace]	

"Gyere,	menjünk	és	tépjük	szét	darabokra!"
Come	(we) go	and	tear	apart	pieces-onto
			(tear her)		(to pieces)

"Ezzel a szándékkal közelítettek a lányhoz, de épphogy
This-with the intention-with (they) approached the girl-to but just as
(With this) () (intention) (girl)

a kezüket rátehették volna, a kakas kukorékolni kezdett
the hand-their would be able to put would the cock to crow started
(hands of them) [were able to put on her]

a padláson, eljött a pirkadat, a két halott férfi pedig
the loft-on came the dawn the two dead man though
(on the loft) (men)

eltűnt.
disappeared

A	következő	pillanatban	egy	úriember	lépett	be
The	next	moment-in	a	gentleman	stepped	into
		(moment)				(in)

valamelyik	szomszédos	szobából,	csak	a	leggazdagabbakra
some	adjacent	room-from	only	the	richest
(from some)		(room)			

jellemző	díszes	öltözetben.
featured	ornate	clothing-in
		(clothing wearing)

A	megjelenése	alapján	bárki	azt	gondolhatta	volna,	hogy
The	appearance-his	based on	anybody	it	may have believed	to be	that
()	(His appearance)				[would be able to	believe]	

maga	a	király	az.
himself	the	king	it
			(it was)

A	férfi,	mikor	a	lányhoz	ért,	csókokkal	és	öleléssel
The	man	when	the	girl-to	reached	kisses-with	and	hugs-with
				(girl)		(with kisses)		(with hugs)

halmozta	el.
overwhelmed	

"Nagyon	szépen	köszönöm!	A	díszes	öltözetű	férfi,	akit
Very much	handsomely	thank	The	ornate	dressed	man	who
		(I thank you)					

itt	láttál,	a	testvérem	volt."
here	(you) saw	the	sibling-mine	was
		()	(my brother)	

"Már	legalább	ezerszer	eltemettem	a	legnagyobb
Already	at least	a thousand times	buried	the	greatest
			(I buried him)	(in the)	

pompában,	de	minden	alkalommal	visszajött."
splendour-in	but	all	occasion-with	(he) came back
(splendour)			(times)	

"Most, hogy megszabadítottál **tőle**, drága, szépséges
now that (you) released from him dear beautiful

kedvesem, egymáséi kell, hogy legyünk, még az ásó,
sweetheart each other obligated that (we) are yet the spade
(even)

kapa, nagyharang sem választhat el bennünket egymástól!"
hoe (or) great bell neither separate us from each other
(neither of those can)

A lány elfogadta a gazdag úriember ajánlatát, és össze
The girl accepted the rich gentleman offer-his and together

is házasodtak még azon a télen.
also (they) got married yet that on winter-on
(thus) (that) (winter)

Mesém	eddig	tartott.	Itt	a	vége,	fuss	el	véle.
Tale-mine	till now	lasted	Here	the	end-its	fly	away	with it
(My tale)			(Here is)()		(its end)			

JÓ TETT HELYÉBE JÓT VÁRJ
Good deed place-its-in good awaits
[A good deed is reciprocated]

Volt egyszer egy ember meg a felesége, és három
(There) was once a man also the wife-his and three
(and) () (his wife)
szép fiuk.
handsome sons

A **szülők** annyira szegények voltak, hogy maguknak is
The parents onto so much poverty were that themselves-to also
(for themselves)
alig tudtak valami ennivalót **előkeríteni**, nem beszélve a
hardly (they) could something edible find not speaking about the
[not to mention] ()
gyerekeikről.
children-their-of
(their children)

A fiúknak ezért útnak kellett indulniuk világot látni és
The boys-to because of this road-for must start world to see and
(boys) (on the road) (had to) (the world)
szerencsét próbálni.
fortune-his to try
(their fortune)

Mielőtt felkerekedtek, anyjuk mindegyiküknek egy cipót
What-first (they) set off mother-their every-one-of-them-to a loaf
(Before) (their mother) (to all) (loaf of bread)
adott, és megáldotta **őket**.
gave and blessed them

A fiúk érzékeny búcsút vettek anyjuktól, apjuktól, és
The boys tenderly farewell took mother-their-of father-their-of and
(of their mother) (of their father)
mindhárman útnak indultak.
all three (the) road for started

A három fiú közül Ferkó, a legfiatalabb igencsak
The three boy amongst Ferkó the youngest rather
[Among the three boys]
jóvágású legény volt, kék szemmel, dús hajjal és szelíd
handsome lad was blue eye-with golden hair-with and soft
(eyed) (haired)
orcával.
cheek-with
(cheeked)

A	két	bátyja	borzasztóan	irigy	volt	emiatt,	s	azt
The	two	older brother-his	terribly	envious	was	because of this	and	that
		(older brothers of him)			(were)			

gondolták,	hogy	**megnyerő**	külseje	miatt,	öccsüknek
believed	that	winning	appearance-his	for	younger brother-their
		(appealing)	(appearance of him)		(their younger brother)

bizonyára	több	szerencsében	lesz	része,	mint	amennyiben
sure-to	more	fortunate-his-in	is	share-his	than	as much-in
(assuredly)		(fortunate)	(would be)	(in his share)		(that)

nekik	valaha	is.
for them	ever	too

Egyik	nap	mindhárman	egy	fa	alatt	pihentek,	a	nap
One	day	all three	a	tree	under	rested	the	sun

perzselően	sütött,	**ők**	pedig	kifáradtak	a	sok	gyaloglásban.
parchingly	baked	they	though	got tired	the	long	walk-in
(scorchingly)							(walk from)

Ferkó	gyorsan	elaludt,	de	a	másik	**kettő**	ébren	maradt.
Ferkó	quickly	fell asleep	but	the	other	two	awake	remained

Az	**idősebb**	testvér	azt	mondta	a	fiatalabbnak:
The	elder	sibling	that	said	the	younger-to
					()	(to the younger)

"Mit	szólnál,	ha	csinálnánk	valamit	ezzel	a	Ferkóval?"
What	would say	if	(we) would do	something	with this		Ferkó-with
	(would you say)						(Ferkó)

"Annyira	szép	az	a	fiú,	hogy	mindenki	**őt**	kedveli,	nem
So much	nice	that		boy	that	everybody	him	likes	not

pedig	bennünket."
though	us

"Ha	valahogy	megszabadulhatnánk	**tőle**,	nagyobb
If	somehow	(we) would be able to get rid	of him	bigger

szerencsénk	lehetne."
fortune-our	may be
(our fortune)	

"Teljesen	egyetértek	veled",	válaszolta	a	**középső**	fiú.
Totally	(I) agree	with you	responded	the	middle	boy

"Én azt javaslom, hogy együk meg a cipóját, aztán
I this suggest that eat up the loaf-his next
(we eat) () (his loaf)

pedig ne adjunk neki a **miénkből** egészen addig, míg
though not give to him the ours of entirely until then until
() (of ours) (that)

meg nem engedi, hogy kioltsuk az egyik szeme világát,
not allows that (we) extinguish the one eye-his light
(he allows) (of his eyes) (sight)

és eltörjük az egyik lábát."
and (we) break the one foot-his
() (foot of his)

A **legidősebb** testvér el volt ragadtatva az öccse
The eldest sibling away was indulging the younger brother-his
[was delighted with] (his younger brother's)

javaslatától, és a két hitvány gazember elvette és
proposal-his-about and the two worthless nefarious-people took away and
(proposal)

megette Ferkó cipóját, mialatt a szegény fiú aludt.
ate Ferkó loaf-his while the poor boy slept
(his loaf of bread)

Amikor Ferkó felébredt nagyon éhes volt, és a kenyerét
When Ferkó woke up very much hungry (he) was and the bread-his
(his bread)

kereste, de a fivérei ekkor kiabálni kezdtek:
looked for but the brothers-his at this time to shout started
() (his brothers)

"Már megetted a kenyered, mialatt aludtál, Te, torkos!"
Already (you) ate the bread-your while (you) slept You glutton
() (your bread)

"Éhezhetsz, ameddig akarsz, de egy morzsát sem kapsz
(You) may starve as long as (you) want but one crumb not (you) get

a miénkből!"
the ours-from
() (from ours)

Ferkó képtelen volt felfogni, hogyan ehette meg a cipót
Ferkó impossible was to catch how could eat () the loaf
(to understand) [he could have eaten]

mialatt aludt, de semmit sem mondott, csak egész nap
while (he) slept but nothing not said just whole day
() (the whole)

és éjszaka is koplalt.
and night too fasted

De a **következő** reggelre annyira megéhezett, hogy
But the next **morning-onto** so much to grown hungry that
(morning) (so much) (was hungry)

könnyekben tört ki, és könyörögve kérte testvéreit, hogy
in tears (he) broke out and imploringly asked **siblings-his** to
(his siblings)

adjanak neki egy kis darabot a cipójukból.
give to him one little piece the **loaf-their-of**
() (of their loaf)

A hitvány gazemberek csak nevettek rajta, és
The worthless villains only laughed at him and

megismételték, amit **előző** nap is mondtak.
repeated what previous day too (they) said
(on the previous)

Ferkó pedig továbbra is könyörögve kérte **őket**, mire a
Ferkó though continued for too begging asked them onto what the

legidősebb azt mondta:
eldest this said

"Ha megengeded, hogy kioltsuk az egyik szemed világát
If (you) allow to put out the one eye-your light

és eltörjük valamelyik lábadat, akkor adunk neked egy
and break one of foot-your (your feet) then (we) give to you a

kis kenyeret."
little bread

Szegény Ferkó ezekre a szavakra még keservesebben
Poor Ferkó onto these the () words to yet more bitterly

kezdett zokogni, és tovább tűrte az éhség gyötrelmeit
started to cry and longer endured the hunger sufferings-his

egészen addig, míg a nap magasan nem tűzött az
entirely until then [until while (that) the sun high not ()] burned the

égen.
sky on

Akkor már nem bírta tovább, és beleegyezett, hogy
Then already not (he) endured (it) longer and agreed that

testvérei a bal szemére megvakítsák, a bal lábára
his siblings the left eye-his (eye of him) blind the left foot-his (foot of him)

lesántítsák.
cripple

Miután ez megtörtént, a legkisebb fiú mohón nyújtotta
That after this occurred the youngest son eagerly offered
(After that)

kezét egy szelet cipóért, de a testvérei egy olyan kis
hand-his a slice loaf-of-for but the siblings-his a such small
(his hand) (of bread for) (his brothers)

darabot adtak neki, hogy az **éhező** fiú egy pillanat
piece gave to him that the starving boy one moment
[in a moment

alatt eltüntette, és még egy darabkáért könyörgött.
under made disappear and another one scrap-for pleaded
(in)
]

Minél jobban panaszkodott azonban Ferkó, hogy majd
What at better complained however Ferkó that then
(The) (more)

éhen hal, a bátyjai annál inkább nevettek rajta, és
hungrily dies the brothers-his that by more (they) laughed at him and
(would die) (the)

szidták mohóságáért.
scolded greed-his
(his greed)

Így hát egész nap csak **tűrte** a maró éhséget, de az
Like this now whole day just endured the biting hunger but the

éjszaka beálltával kitartása **eltűnt**, és megengedte, hogy
night onset-its perseverance-his gave way and (he) allowed that
[at the falling of the night] (his perseverance)

testvérei a jobb szemére is megvakítsák és a jobb
siblings-his the right eye-his-to also blind and the right
(eye of him)

lábára is lesántítsák egy újabb szeletke kenyérért.
foot-his-to also cripple a newer thin slice bread for
(foot of him) (other)

Miután testvérei így egy egész életre megnyomorították
What-after siblings-his like this one whole life-to maimed
(After that) (his siblings) (for life) (him)

és elcsúfították, otthagyták a földön nyögdécselni, és
and disfigured (they) there-left the ground-on to moan and
(left him behind) [on the ground]

nélküle folytatták útjukat.
him-without (they) continued their road
(without him)

Szegény Ferkó megette azt a kis darab kenyeret, amit
Poor Ferkó ate up that little piece **bread-of** that

a testvérei hagytak neki, keservesen sírt, de senki sem
the **siblings-his** let for him bitterly wept but nobody neither
() (his brothers) (behind)

hallotta, és senki sem sietett a segítségére.
heard and nobody neither hurried the **help-his-to**
(it)

Újra beesteledett, és a szegény vak fiúnak nem volt
New-to (it) was getting evening and the poor blind **boy-for** not was
(Again) (dark) (had)

szeme, mit lehunyhatott volna, a földön is csak kúszni
eye-his what (he) would sleep the **ground-on** also only to crawl
(with which) () (on the ground)

tudott, azt sem tudván, merre megy.
could it not knowing which way (he) goes
() (is going)

Mikor	a	nap	újra	magasan	sütött	az égen,	Ferkó
What-time	the	sun	new-to	high	burned	the sky-on	Ferkó
(When)			(again)			(in the sky)	

érezte,	hogy	forró	sugaraival	szinte	égeti,	ezért	egy
felt	that	boiling	rays-its-with	almost	burn	because of this	a
					(him)		

árnyas,	**hűvös**	helyet	keresett,	ahol	megpihentetheti	fájó
shady	cool	place	searched	where	(he) could rest	painful
						(his painful)

végtagjait.
limbs-his
(limbs)

Felkúszott	**egy hegytetőre,**	és	a	**fűbe**	heveredett,	vagy,
(He) crawled	a hill-top-to	and	the	grass-into	lay	or
	(to a hilltop)		[lay	down into	the grass]	

ahogy	**ő**	képzelte,	egy	nagy	fa	árnyékába.
as	he	imagined	a	big	tree	shade-its-into
						(in its shade)

De	nem	fa	volt	az,	amelynek	**nekidőlt,**	hanem	egy
But	not	tree	was	it	which-to	(he) against-leant	but	a
					(to which)	(leant against)		

cölöp,	melyen	két	holló	ücsörgött.
(gallow) post	which-on	two	raven	sat around
	(on which)		(ravens)	

Az egyik holló azt kérdezte a másiktól épp, mikor a
The one raven this asked the other-from just when the
() [from the other]

kimerült ifjú leheveredett:
exhausted youngster lied down

"Hát van-e ennél a környéknél csodálatosabb és
Well is-it this-with neighbourhood-with more wonderful and
(is there anything) (this) (neighbourhood with)

rendkívülibb?"
order-outside-more
(more extraordinary)

"Nem hiszem, hogy van," felelte a másik, "mert több
Not (I) believe that (there) is answered the other because many
(him)

olyan dolog van errefelé, ami sehol máshol nem
such thing is around here that nowhere elsewhere not
(s) (are) (else) ()

létezik."
exists
(exist)

"Például	épp	alattunk,	odalent	van	egy	tó,	és	bárki,
For example	exactly	under us	down there	is	a	lake	and	anybody

aki	megfürdik	benne,	azonnal	egészséges	lesz	újra,	még
who	takes a bath	in it	immediately	healthy	is (will be)	again	even

ha	épp	a	halál	küszöbén	áll	is."
if	just	the	death	doorstep-its-on	stands	too
		[at	death's	doorstep]		

"Az	pedig,	aki	ennek	a	hegynek	a	harmatával
That	however	who	to this	the	hill-with	the	dew-its-with
(one)				()	(hill's)	()	(dew with)

mossa	meg	a	szemét,	olyan	élesen	lát	majd,	akár	a
washes		the	eye-his	so	sharply	sees	then	as	the
		()	(his eyes)			(see)			

sas,	jóllehet	egész	fiatal	korától	kezdve	vak	volt."
eagle	although	all	young	age-his-from	starting	blind	was
	[even if from a	very young		age]			

"Hát," mondta az **első** holló, "az én szememnek erre
Well said the first raven the I eye-mine-to this-to
() (my) (eyes) (this)

a **gyógyfürdőre** hál' Istennek nincs szüksége, olyan jó,
the spa-to thank God-for not are need-its so good
(bath) [thank god] (don't) (need) (as)

mint mindig, de bizony a szárnyam igencsak **erőtlen** és
as ever but surely the wing-mine (is) rather powerless and
() (my wing)

gyenge, mióta egy nyíl évekkel **ezelőtt** megrövidítette."
weak since when an arrow years-with before pierced
(years) (it)

"Miért ne mehetnénk mi is le ahhoz a tóhoz, hogy
What-for not should pass we also down that-to lake-to that
(Why) (to that) (lake)

újra egészséges és **erős** lehessek?"
again healthy and strong (I) may be

Ezzel el is repültek.
This-with away also (they) flew

Szavaik Ferkó szívében reményt keltettek, és türelmetlenül
Words-their Ferkó heart-his hope grew and impatiently
(Their words) (in his heart)
várta már az estét, hogy világtalan szemét az értékes
waited for already the evening that sightless eye-his the precious
(his eyes) (with the)
harmattal bedörzsölhesse.
dew-with may rub
(dew)

Lassan beköszöntött a szürkület, a nap lehanyatlott a
Slowly into-greeted the dusk the sun sunk the
(set in)
hegyek mögött.
mountains behind

A hegyen is apránként egyre hűvösebb lett, a fűre
The hill-on too bitwise continually cooler (it) became the grass-onto
(On the) (hill) (gradually)
pedig harmat telepedett.
though dew settled

Ferkó	ekkor	a	fűbe	temette	az	arcát,	egészen	addig,
Ferkó	at this time	the	grass-into	buried	the	face-his	entirely	until
					()	(his face)		

míg	szeme	harmatcseppektől	nedves	nem	lett,	s
while	eye-his	dewdrops-from	wet	not	became	and
(that)	(his eyes)	(from the dewdrops)		()		

abban	a	pillanatban	tisztábban	látott,	mint	életében
in this		moment-in	more clear	saw	than	life-his-in
						(in his life)

valaha	is.
once	too
[ever before	]

A	hold	élesen	sütött,	megvilágítva	ezzel	a	tavat,
The	moon	sharply	shone	lighting	with this	the	lake

amelyben	a	fiúnak	meg	kellett	mártóztatnia	törött	lábait.
which-in	the	boy-to	still	was needed to dip		broken	feet-his
		(boy)					(feet of him)

Ferkó	elkúszott	a	tó	széléig,	és	a	végtagjait	a	vízbe
Ferkó	crawled	the	lake	edge-its	and	the	limbs-his	the	water-into
			(lake's)	(edge)			(limbs of him)	(into the)	(water)

mártotta.
dipped

Nem	sokkal	azután,	hogy	ezt	megtette,	lábai	ismét
Nem	much-with	after	that	this	(he) did	feet-his	again
	(a lot)					(zijn voeten)	

olyan	egészségesek	és	**erősek**	voltak,	mint	**azelőtt**,	Ferkó
so	healthy	and	strong	were	than	that-before	Ferkó
					(as)	(before)	

pedig	áldotta	jó	szerencséjét,	amely	a	hegyre	vezette,
though	blessed	good	fortune-his	that	the	hill-onto	guided
					()	(onto the hill)	(him)

ahol	a	hollók	beszélgetését	véletlenül	meghallotta.
where	the	ravens	talk-his	accidentally (véle[illegible]	[illegible]
			(their talk)	(to)-without)	

Megtöltött	egy	palackot	a	gyógyító	vízzel,	és	jó
(He) Filled	one	bottle	the	healing	water-with	and	good

hangulatban	folytatta	tovább	útját.
mood-in	continued	on	road-his
(mood with)			(his journey)

Nem	jutott	túl	messzire,	mikor	egy	farkassal	találkozott.
Not	(had he) gone too		far	when	one	wolf-with	met
						(wolf)	

A farkas három lábon sántikált kétségbeesetten, és
The wolf three foot-on limped despairingly and
[on three paws]

Ferkót meglátván, komor vonyításba kezdett.
Ferkó noticing gloomy howling-into started
[began to howl gloomily]

"Bátorság, kedves barátom!" mondta a fiú.
Courage kind friend-mine said the boy
(friend of mine)

"Mindjárt meggyógyítom a lábadat."
Immediately (I) heal the foot-yours
() (your foot)

És ahogy ezt kimondta, az értékes vízből egy keveset
And that this (he) said the valuable water-from a little

a farkas lábára csorgatott.
the wolf foot-his-onto dripped
(onto his foot)

A farkas abban a pillanatban négy lábra szökkent,
The wolf in that moment-in four foot-onto bounced
(at that) (moment) (on four) (feet)

erősen és egészségesen.
strongly and healthily

A hálás teremtmény nem győzött köszönetet mondani a
The grateful creature not was able thanks to say the
(had enough)

jótevőjének, és megígérte Ferkónak, hogy bármikor, ha
benefactor-his-to and promised Ferkó-to that anytime if

segítségre lenne szüksége, számíthat rá.
help-onto might be his need (he) might count onto him

Ferkó folytatta útját egészen addig, míg egy felszántott
Ferkó continued road-his entirely until when a ploughed up
(his road)

mezőhöz nem ért.
field-with not reached
()

Ott meglátott egy kisegeret, aki a hátsó lábain
There (he) noticed a little mouse who the rear feet-his-on

vonszolta magát **erőtlenül**.
dragged himself weakly

Mindkét **mellső** lába el volt törve. Eltörte egy csapda.
Both front foot-his away was breaking Broke a trap
(feet of him) () (were) (broken) [A trap broke them]

Ferkó annyira megsajnálta a kisegeret, hogy a **lehető**
Ferkó so much felt sorry for the little mouse that the manner

legbarátságosabban szólt hozzá, majd megmosta az
most friendly in spoke to it then washed the

egérke sérült lábait a gyógyító vízzel.
little mouse injured feet-his the healing water-with
(feet of him) [with the healing water]

A	kisegér	egy	szempillantás	alatt	meggyógyult,	s	miután
The	little mouse	an	eyewink (moment)	during	(was) healed	and	after

köszönetet	mondott	jószívű	gyógyítójának,	tovairamodott	a
thanks	(having) said	good-hearted [tegen zijn	healer-his-to barmhartige genezer]	away-hurried (hurried away)	the

felszántott	barázdák	között.
ploughed up	furrows	between

Ferkó	ismét	folytatta	útját,	de	megint	nem	jutott	túl
Ferkó	again	continued	road-his (his journey)	but	again	not	(he had) gone	too

messzire,	amikor	egy	méhkirálynő	repült	vele	szembe.
far	when	one	bee-king-woman (bee queen)	flew	with-him (him)	eye-into (towards)

Az	egyik	szárnyát	maga	után	vonta.
The [One of	one her wings	wing-his]	herself	after	trailed

A	szárnya	megsérült,	amikor	egy	nagy	madár
The	wing-her	was wounded	when	a	big	bird
	(wing of her)					

kegyetlenül	kettéhasította.
cruelly	ripped it in two

Ferkó,	ahogy	segített	a	farkason	és	a	kisegéren,	most
Ferkó	that	helped	the	wolf-on	and	the	little mouse-on	now
	(who)			(wolf)			(little mouse)	

is	kész	volt	segíteni.	Így	hát	néhány	gyógyító	cseppet
too	ready	was	to help	Thus	well	some	healing	drop
				[So	]	(a little)		

a	méhkirálynő	sérült	szárnyára	csepegtetett.
the	bee-queen	injured	wing-her-onto	(he) dripped

A	méhkirálynő	azon	nyomban	meggyógyult,	és	Ferkó
The	queen-bee	that on	immediately	healed	and	Ferkó

felé	fordulva	azt	mondta:
towards	turning	this	said

"Jóságodat	a	jövőben	még	meghálálom!"
Goodness-yours	the	future-in	yet	(I) show my gratitude
(Your good deed)			(still)	(for it)

Majd	**derűsen**	zümmögve	tovarepült.
Then	cheerfully	buzzing	away-flew

Ezután	Ferkó	sok	hosszú	napon	keresztül	vándorolt,
This after	Ferkó	very	long	day-on	through	wandered

mígnem	egy	furcsa	királyságba	ért.
until-not	a	strange	kingdom-into	reached
(until finally)		(foreign)		

Arra	gondolt,	hogy	egyenesen	a	palotába	megy,	hogy
That-onto	(he) thought	that	directly	the	palace-into	(he) goes	to

szolgálatát	a	király	és	az	ország	érdekébe	ajánlja.
service-his	the	king	and	the	country	interest-its-into	offers
(his services)						(their interest)	

Meg	azért	is,	mert	azt	hallotta,	hogy	a	király	lánya
And	that because	too	while	that	(he) heard	that	the	king	daughter-his
(Still)	(because of that)								(his daughter)

olyan	szép,	hogy	a	Napra	lehet	nézni,	de	**őrá**	nem.
so	beautiful	that	the	Sun-onto	(one) may	stare	but	her-onto	not
	(is)		[at the	Sun]				(at her)	

Bement	tehát	a	királyi	palotába,	és	amint	az	ajtón
In went	so	the	royal	palace-into	and	as soon as	the	door-on
(he)								(door)

belépett,	egyből	a	két	bátyjába	botlott,	akik	olyan
(he) entered	immediately	the	two	older brother	stumbled	who	so
				(s) of his	(upon)		

szégyentelenül	elbántak	vele.
shamelessly	treated	with
		() him

Fivéreinek	sikerült	bejutniuk	a	király	szolgálatába,	s
His brothers	(had) succeeded	to get in	the	king	service-his-into	and
				(king's)	(service)	

amikor	Ferkót	meglátták	ereje	teljében,	halálra	rémültek.
when	Ferkó	(they) noticed	power-his	prime-its-in	death-onto	frightened
			[in the prime	of his power]	[they were	frightened to death]

Attól	féltek,	hogy	öccsük	elmondja	a	királynak,	hogyan
That from	(they) were afraid	that	their younger brother	relates	the	king-to	how
				(would tell)	(to the)	(king)	

viselkedtek	vele,	és	ezért	majd	lógni	fognak.
they behaved	with	and	because of this	then	to hang	would
	(to) him					

Alighogy Ferkó belépett a palotába, minden szem a
Scarcely Ferkó entered the palace-into all eye the
(s)

jóképű fiúra szegeződött, a király lánya maga is
handsome boy-onto set the king daughter herself too
('s)

önfeledten csodálta, mivel ilyen helyes ifjút még soha
self-forgetting admired as so handsome youngster yet never
(forgetting herself) (him)

az életében nem látott.
the life-her-in not saw
() (in her life) () (had seen)

Ezt persze Ferkó testvérei is észrevették, és az
This surely Ferkó his siblings too noticed and the

irigység és féltékenység félelmüket csak még jobban
envy and jealousy their fear only even more

növelte, olyannyira, hogy elhatározták, testvérüket ismét
increased so much that (they) decided sibling-their again
(their brother)

tönkreteszik.
to ruin

A	királyhoz	mentek,	és	azt	mondták	neki,	hogy	Ferkó
The	king with (king)	went (they went to)	and	that	(they) told	to him	that	Ferkó

egy	gonosz	varázsló,	aki	azzal	a	szándékkal	érkezett	a
(was) an	evil	magician	who	with that		intention with	arrived	the

palotába,	hogy	a	királylányt	elrabolja.
palace-into (palace at)	that (to)	the	princess	(he) steals

A	király	erre	maga	elé	hívatta	Ferkót,	és	azt	mondta
The	king	onto this	himself	in front of him	called in	Ferkó	and	this	said

neki:
to him

"Azzal	vádolnak,	hogy	varázsló	vagy,	és	el	kívánod
That with	(they) accuse (you)	that	(a) magician	(you) are	and	away	(you) desire

rabolni	a	lányomat,	ezért	halálra	ítéllek."
to rob	the ()	daughter-mine (my daughter)	because of this	death-onto (to death)	(I) condemn (you)

"De, ha teljesíted azt a három feladatot, amelyet adok
But if (you) accomplish those three task(s) that (I will) give

neked, akkor megkímélem az életedet azzal a feltétellel,
to you then (I) spare the life-yours with that condition-with (condition)

hogy elhagyod az országomat."
that (you) leave the country-mine (country of mine)

"Ha pedig nem tudod teljesíteni, amit megkívánok tőled,
If however not (you) are able to fulfil that (that which) (I) require from you

a legközelebbi fán fogsz lógni."
the nearest tree-on (tree from) (you) shall hang

Ezzel a két gonosz testvérhez fordult, és azt mondta:
With this the two evil sibling(s) to (he) turned and that (this) said

"Javasoljatok neki valamit, amit meg kell tennie, nem
Suggest for him something that (he) must accomplish (it's) no

baj, ha nehéz. Teljesítenie kell, vagy meghal."
problem if (it is) difficult To accomplish (this) (he) must or (he) dies

A fivérek egy kis gondolkodás után azt válaszolták:
The brothers a little thinking after that responded

"Építtessen Felséged egy szebb palotát vele egy nap
Have built your majesty a more beautiful palace by him one day

alatt."
during

"Ha a próbát nem állja ki, köttesse fel."
If the test not (he) stands out [stands the test] let (him) be strung up

A király elégedett volt a javaslattal, és megparancsolta
The king satisfied was the proposal-with and commanded

Ferkónak, hogy a következő napon lásson munkához.
Ferkó-to that the next day-on (he) sees work-to
(get started) (with the work)

A két testvér el volt ragadtatva, mivel azt gondolták,
The two sibling(s) away was taken with what that (they) believed
[were very glad]

hogy most végre örökre megszabadulhatnak Ferkótól.
that now finally forever (they) might get rid Ferkó-from
(of Ferkó)

Szegény fiú mélyen le volt sújtva, és átkozta azt a
(The) Poor boy deeply down was struck and (he) cursed that (the)
[to be depressed]

percet, mikor átlépte a király tartományának határát.
minute when stepped over the king territory-to border-his
[the border of the king's territory]

Kétségbeesetten kószált a palota körüli réten, és azon
Desperately (he) roamed the palace around meadow-on and that-on
(about that)

törte a fejét, hogyan tudna elmenekülni a halálos ítélet
broke the head-his how (he) would be ableto escape the deadly judgement
() (his head) [escape from the deadly judgement

elől, mikor egy méhecske repült arra, vállára telepedett
before when a little bee flew that onto his shoulder settled
]

és azt suttogta:
and that whispered
(this)

"Mi bánt téged, kedves jótevőm?"
What worries you kind benefactor of mine

"Segítségedre lehetek-e bármiben?"
Help to you (I) may be it in anything

"Én vagyok az a méh, akinek a szárnyát
I am that bee for who the wing-her
() (her wing)

meggyógyítottad, és szeretném ezt valahogy meghálálni."
you healed and (I) would like this somehow to repay

Ferkó	felismerte	a	**méhkirálynőt,**	és	azt	mondta:
Ferkó	recognised	the	queen-bee	and	that	said

"Ó,	jaj!	Hát	hogy	tudnál	te	nekem	segíteni?"
Oh	woe	Well	what	would be able	you	for me	to help

"Olyan	feladatot	állított	elém	a	király,	amit	senki	ezen
Such	(a) task	set	in front of me (for me)	the	king	that	nobody	on this

a	világon	nem	tud	teljesíteni,	legyen	akármilyen	zseni	is!"
the ()	world-on (world)	not	can	accomplish (it)	so be it (if it were)	some kind of	genius	too (even)

"Holnap	építenem	kell	egy	sokkal	szebb	palotát	a
Tomorrow	(I) build	must	a	lot-with (lot)	more beautiful	palace	the

mostaninál,	és	kész	kell	lennie	estig."
current one than (than the current one)	and	ready	must	be	at the evening

"Hát csak ennyi az egész?" , kérdezte a méh. "No,
Well only that (is) the whole (everything) asked the bee Now (Well)

akkor nyugodtan megvigasztalódhatsz."
then calmly (you) may be consoled

"**Mielőtt** holnap este a nap lenyugszik, kész lesz a
Ere tomorrow in the evening the day cools down ready is (will be) the

palota, de olyan, amilyet a király még soha nem
palace but such kind the king yet never not ()

látott."
saw

"Te csak maradj itt addig, míg vissza nem jövök, és
You only stay here till then when return not () (I) come and

azt nem mondom, hogy a palota elkészült."
it not () (I) say that the palace was ready (is ready)

Ezután vidáman elrepült.
Then cheerfully (she) flew away

Ferkó pedig, bízván a **méhkirálynő** szavaiban, a **fűbe**
Ferkó though trusting the queen-bee words-her-in the grass-into

heveredett, és békésen aludt másnap reggelig.
lay and peacefully slept following day morning-until

Másnap kora reggel már az egész város talpon volt,
(The) following day early morning already the whole city foot-on was
(on foot)

és mindenki azt találgatta, hol, és hogyan építi majd
and everybody that wondered where and how builds then
[erects

fel a csodálatos palotát az idegen.
up the wonderful palace the stranger
]

Egyedül a király lánya volt csöndes és bánatos.
Only the king daughter-his was quiet and sorrowful
(his daughter)

Egész	éjjel	búslakodott,	a	párnáját	is	telesírta,	annyira
Whole	at night	was sad	the	pillow-her	too	full-cried	onto so much
			()	(her pillow)			

szívén	viselte	a	szépséges	ifjú	sorsát.
heart-her-on	carried	the	beautiful	youngster	his fate
(in her heart)					

Ferkó	az	egész	napot	a	mezőn	töltötte,	és	várta,
Ferkó	the	whole	day	the	field-on	spent	and	waited for
				()	(on the field)			

hogy	a	méhkirálynő	visszajöjjön.
that	the	queen-bee	back-comes
			(came back)

Amikor	eljött	az	este,	a	méhkirálynő	megjelent,	a	fiú
When	came	the	evening	the	queen-bee	appeared	the	boy

vállára	szállt,	és	azt	mondta:
his shoulder onto	settled	and	that	said
			(this)	

"Elkészült	a	csodálatos	palota."
Was ready	the	wonderful	palace
(Finished is)			

"Légy	vidám,	és	vezesd	a	királyt	a	városfalon	kívül
Be	glad	and	guide	the	king	the	city wall	outside

lévő	hegyre."
being	hill-on

Majd	derűsen	zümmögve	tovarepült.
then	cheerfully	buzzing	away-flew

Ferkó	tüstént	a	királynál	termett,	és	bejelentette,	hogy
Ferkó	right away	the	king-at	strode	and	announced	that

a	palota	elkészült.
the	palace	was ready

Az	egész	udvar	kivonult,	hogy	lássa	a	csodát.
The	whole	court	marched out	that (to)	go see	the	miracle

Az	emberek	a	szemük	elé	táruló	látványtól	a	szájukat
The	humans (people)	the ()	eye-their (their eyes)	in front of	unfolding	sight-from (from the sight)	the ()	mouth-their (their mouths)

is	eltátották	csodálkozásukban.
too	opened	wonder-their-in (in their wonder)

A	városfalon	kívül,	a	hegy	tetején,	a	világon	valaha	is
The	city wall	outside	the	hill	top-on	the	world-on	ever	too

létező	legszebb	virágokból	épült	**tündöklő**	palota	emelkedett.
existing	most beautiful	flowers-from	having-been-build	glittering	palace	high raised

Teteje	karmazsinrózsa,	ablaka	liliom,	a	falai	**szegfűből**
Roof-its	(from) crimson rose (roses)	window-its	(from) lily	the ()	wall-its-s (its walls)	from carnation

készültek.
(they) made (it)

Padlóját	fülvirág	és	ibolya	borította,	az	ajtaja	pedig
Floor-its	(from) ear-flower (auriculas)	and	violet	covered	the ()	door-its (its doors)	though

pompás	tulipánokból	és	nárciszból	készült,	és
splendid	tulips-from	and	daffodil-from	was made	and

napraforgóból	volt	a	kopogtatója.
sunflower-from	was	the	knocker

Mindenhol	jácintok	és	más	édes	illatú	virágok	nyíltak
Everywhere	hyacinths	and	other	sweet	fragrance (smelling)	flowers	opened (bloomed)

halomban.
mass-in (in masses)

A	**levegő**	megtelt	a	virágok	illatával,	és	minden
The	air	was filled with	the	flowers	fragrance-his-with	and	all

jelenlévőt	megbabonázott.
persons present	were enchanted

Az	elbájoló	palotát	a	hálás	**méhkirálynő**	építtette,	aki	a
The	captivating	palace	the	grateful	queen-bee	had built	who	the

királyságában	**lévő**	összes	méhet	odarendelte,	hogy
kingdom-in	being	all	bee (bees)	ordered	to

segítsenek	neki	a	munkában.
help	to () her	the ()	work-in (with the work)

A	király	hihetetlenül	**meglepődött,**	a	királylány	szeme
The	king	unbelievably (incredibly)	surprised was	the	princess	eye-her (her eyes)

pedig	**örömtől**	ragyogott,	miközben	pillantását	a	csodálatos
though	joy-because (because of joy)	sparkled	while	glance-her (her glance)	the	wonderful

építményről	a	boldog	Ferkóra	vetette.
building-from	the	happy	Ferkó-onto	cast

Ferkó	két	testvére	azonban	egészen	belesárgult	az
Ferkó	two	sibling-his	however	totally	turned yellow	the ()

irigységbe,	és	még	inkább	bizonygatta,	hogy	Ferkó	nem
envy-into (of envy)	and	even	more	asserted	that	Ferkó	(was) not (none)

egyéb,	mint	egy	gonosz	varázsló.
other	than	an	evil	magician

A király, bár csodálkozott és megdöbbent azon, hogy a
The king although (he) was surprised and astonished thereon that the

kívánsága teljesült, mégis bosszantotta, hogy az idegen
wish of his came true nevertheless was annoyed that the stranger

élete megmenekült, ezért a testvéreihez fordulván így
his life saved because of this the siblings-his-to turning thus
() (to his brothers)

szólt:
spoke

"A fiú az **első** feladatot kétség kívül az ördögi
The boy the first task doubt without the demonic
[without doubt]

mágiájának **köszönhetően** teljesítette, de mi legyen a
magic of his to owing accomplished but what (will) be the
(with)

következő feladat?"
next task

"Majd mi kitalálunk neki valami nagyon nehezet, és ha
Then we find out for him something very difficult and if
(Let) (us)

nem teljesíti, meg kell halnia." , mondták a testvérek.
not (he) accomplishes(he) must die said the siblings
(it)

Aztán	a	**legidősebb**	testvér	azt	mondta:
That after	the	eldest	sibling	that	said
				(this)	

"A	gabona	mind	le	van	kaszálva,	de	még	nem
The	grain	all	down	is	scythed	but	yet	not
					(and laying on the fields)			

hordták	be	a	**csűrbe**."
(they) carried	into	the	barn-into
(it)			(barn)

"A	fiú	**gyűjtse**	össze	a	királyság	összes	gabonáját
The	boy	let collect	together	the	kingdom	all	grain-its
							(its grain)

holnap	estig,	és	rakja	egy	nagy	halomba,	de	ha	egy
tomorrow	evening-by	and	lay	a	big	heap-into	but	if	one
	(at the evening)	(it)		[in a large	heap	]			

szál	gabona	is	kint	marad,	végezzék	ki."
stalk	grain-of	too	out	leaves	(they) execute	
	(of grain)	(only)			(him)	

A királylány arca rémületében holtsápadttá vált a szavak
The king-daughter face-her horror-her-in ghastly changed the words
(princess) (to white)

hallatán, Ferkó pedig még elkeseredettebbnek érezte
heard Ferkó though yet desperate-more-to felt
(more desperate)

magát, mint a legelső alkalommal.
himself than the first occasion-with
[than on the first occasion]

Megint a rétre ment, és azon törte a fejét, hogyan
Again the meadow-ontowent and that-on broke the head-his how
[broke his head]

kerülhetne ki ebből a nehézségből.
(he) might get out from this the difficulty-from
()

De a helyzetből nem látott kiutat.
But the situation-from not (he) saw way out

Már a nap is lenyugodott, és eljött az éj, amikor egy
Already the sun too down-set (was setting) and came the night when a

kisegér termett Ferkó lábánál, a **fűben**, és azt mondta:
little mouse moved Ferkó foot-his-at (at his feet) the grass-in and that (this) said

"Örülök, hogy látlak, kedves **jótevőm**, de miért vagy
Am happy (I'm happy) to see (you) kind benefactor-mine but what for are (you)

ilyen szomorú?"
so sad

"Segíthetek-e neked valamiben, amivel visszafizethetem
Help-can-I-this (Can I help) to-you (you) something in with which (I) may repay

mindazt, amit értem tettél?"
all that that for me (you) did

Ferkó	felismerte	az	egeret,	akinek	a	**mellső**	lábait
Ferkó	recognised	the	mouse	who-for	the ()	fore- ()	feet-his (his forepaws)

meggyógyította,	és	azt	felelte:
(he) healed	and	this	answered

"Ó,	jaj,	hát	hogy	tudnál	nekem	segíteni	egy	olyan
Oh	woe	well	that	(you) would be able	to me	help	a	such

dologban,	amely	még	az	emberi	**erőt**	is	meghaladja!"
thing-in	that	even	the	human	strength	too	exceeds

"Össze	kell	**gyűjtenem**	a	királyság	összes	gabonáját
Together	must	(I) collect	the	kingdom	all	grain-its

holnap	estig,	és	egy	nagy	halomba	raknom,	de	ha
tomorrow	evening-by	and	one	big	heap-into	lay	but	if

egy	szál	gabona	is	kint	marad,	az	életemmel	kell
one	stalk	(of) grain	too	out	is left	the ()	life-of-mine-with (with my life)	must

fizetnem	érte.
(I) pay	for it

"Ez minden?" , kérdezte az egér.
This (is) all asked the mouse

"Hát emiatt nem kell aggódnod!"
well because of this not must (you) to worry

"Csak bízz bennem, és **mielőtt** a nap újra lenyugszik,
Only trust in me and before the sun **new-onto** (again) sets

a feladat el lesz végezve."
the task away is finished

Ezután a kis teremtmény a **mező** felé vette az irányt,
Then the little creature the field towards took the direction

és elszaladt.
and ran away

Ferkó nem kételkedett az egér szavaiban, kényelembe
Ferkó not doubted the mouse word-its-s-in comfort-in
(in its words) (comfortably)
helyezte hát magát a puha füvön, és mélyen aludt
put so himself the soft grass-on and deeply slept

másnap reggelig.
next day morning-until

Az idő lassan telt, de az estével együtt a kisegér is
The time slowly filled but the evening-with together the little mouse too
(passed)
megjelent, és így szólt:
appeared and thus spoke

"Egyetlen szál gabona sem maradt már a mezőkön, az
Single stalk grain neither remained already the fields-on the

összeset egy nagy halomba gyűjtöttük, ott kint, a
total a big heap-into (we) gathered up there out the
[in a big heap] [on
hegyen.
hill-on
the hill]

Ferkó **jókedvűen** ment a királyhoz, és mondta neki,
Ferkó merrily went the king-to and said to him

hogy minden, amit kívánt, elkészült.
that all that desired was ready

Az egész udvar kivonult, hogy lássa a csodát.
The whole court marched out to go see the miracle

Az emberek legalább annyira csodálkoztak, mint az **első**
The people at least as much were surprised as the first

alkalommal.
occasion-with

A királyság összes gabonája a királyi palotánál is
The kingdom all grain-its the royal palace-by also
[All the kingdom's grain] (palace than)

magasabb halomban feküdt, és egyetlen szál gabona
taller heap-in lay and single stalk (of) grain

sem maradt kint a földeken.
not remained out the lands-on

De hogyan sikerülhetett?
But how (that) was accomplished

Hát úgy, hogy a kisegér az ország összes egerét
Well so that the little mouse the country all mouse-its
[all the country's mice]
összehívta, hogy segítsenek neki, és együtt gyűjtötték
convened that (they) help to and together was collected
() him
össze a királyságban lévő gabonát.
all the kingdom-in being grain

A király nem tudta elrejteni csodálkozását, de haragja
The king not was able to conceal wonder-his but his anger
(his wonder)
is csak nőttön-nőtt.
too only grew on grew
[increased]

Egyre jobban hitt a két testvérnek, akik folytonosan azt
Ever more (he) believedthe two sibling-to who continuously that

ismételgették, hogy Ferkó se nem kevesebb, se nem
repeated that Ferkó (was) neithernot less neither not

több egy gonosz varázslónál.
more an evil magician
(more than)

Egyedül a szépséges királylány örült Ferkó sikerének, és
Only the beautiful princess was glad Ferkó success-his-to and
(with his success)

barátságosan nézett feléje, amit az ifjú is viszonzott.
friendly-in glanced towards him which the youngster too requited
(friendly) (returned)

Minél	tovább	bámulta	a	király	az	**előtte**	**lévő**	csodát,
What-at (The)	longer	gazed	the	king	the	before-him	being	miracle

annál	mérgesebb	lett,	amiért	ígérete	ellenére	sem	tudta
that-at (the)	angrier	(he) became	because of	promise-his	against	not	could

az	idegent	kivégeztetni.
the	stranger	execute

Ezért	újra	a	két	**idősebb**	testvérhez	fordult,	és	így
Because of this	again	the	two	elder	sibling-to	turned	and	thus

szólt:
spoke

"Az	ördögi	mágiája	megint	megmentette,	de	milyen
The	demonic	magic-his	again	saved (him)	but	what sort of

harmadik	feladatot	találjunk	ki	neki?"
third	task	let us pick [make up	out]	for him

"Nem számít, akármennyire lehetetlen is, teljesítenie kell
Not (it) counts (the) amount-to impossible also to accomplish (he) must

vagy meghal."
or (he) dies

A **legidősebb** gyorsan válaszolt:
The eldest quickly answered

"A fiú kergesse a királyság összes farkasát arra a
The boy drive the kingdom all wolf-its to that
[all the wolves of the kingdom]

hegyre holnap estig."
hill-onto tomorrow evening-by

"Ha megteszi, szabadon elmehet, ha nem, akkor lógnia
If (he) does freely (he) may go away if not then to hang

kell, ahogyan Felséged is mondta."
(he) must as your Majesty too said

Ezekre a szavakra a király lánya könnyekben tört ki, s
These-onto the words onto the king daughter-his tears-in broke out and
(At these) () (words) (king's daughter)

amikor a király ezt meglátta, megparancsolta, hogy
when the king this noticed (he) commanded that

zárják be, és gondosan **őrizzék** egy magas toronyban
(they) shut in and carefully guard a high tower-in
(her) (let her be guarded)

addig, míg a veszélyes varázsló el nem hagyja a
till then when the dangerous magician away not leaves the
[abandon ()]

királyságot vagy fel nem akasztják a legközelebbi fára.
kingdom or up not (they had) hung the nearest tree-onto
() (him) [fromthe nearest tree]

Ferkó ismét a **mezőre** ment, egy fatuskóra ült, és
Ferkó again the field-onto went a tree stump-onto sat and

azon törte a fejét, mit csináljon most.
it-on broke the head-his what to do now
(about it) () (his head)

Egyszer csak egy nagy farkas szaladt oda hozzá,
Once just a big wolf ran there up to him
[Suddenly]

megállt **előtte**, és így szólt:
stopped before him and thus spoke

"Nagyon örülök, hogy újra látlak, kedves **jótevőm**!"
Very much (I) am glad that new-onto (I) see you kind benefactor-mine
(again)

"Min gondolkodsz itt magadban?"
What-on ponder here in yourself
(About what)(are you pondering)

"Csak mondd meg, tudok-e neked segíteni bármiben,
Only tell (I) can it for help anything-in
() you

hálám jeléül."
gratitude-mine token-its-as
(as a token of my gratitude)

Ferkó **egyből** felismerte a farkast, akinek a lábát
Ferkó at once recognised the wolf for who the foot-his
() (his feet)

meggyógyította, és elmondta neki, mit kell tennie
(he) healed and related to him what (he) had to do

másnap, ha meg akarja menteni az életét.
(the) next day if also (he) wants to save the life-his

"De hogyan is tudnám én **összegyűjteni** a királyság
But how also could I gather the kingdom

összes farkasát ott, azon a hegyen?" , tette hozzá.
all wolf-its there that-on hill-on (he) added to it
(its wolves) (on that) (hill)

"Ha ez minden, amit tenni szeretnél, akkor nem kell
If this (is) all that to do (you) would want then not is needed

aggódnod." , felelte a farkas.
to worry answered the wolf

"Majd én vállalom a feladatot, és holnap még
Then I undertake the task and tomorrow yet (still)

napnyugta **előtt** hallasz rólam."
sunset before (you will) hear from me

"Tarts ki!", Majd ezután gyorsan elszaladt.
Hold out Then this after quick (he) ran away

Az fiú örülni kezdett, mert úgy érezte, hogy élete
The boy to be glad started because so felt that his life

most már biztonságban van.
now already secure is

De igencsak elszomorodott, mikor a szépséges
But rather sad became (he) when the beautiful

királylányra gondolt, akit soha többet nem láthat, ha
princess-onto (about) thought who never more not () (he) could see if

elhagyja az országot.
(he) abandons (abandoned) the country

Újra a **fűbe** heveredett, és nemsokára mély álomba
Again the grass-in lay and soon deep dream-into

merült.
sank

Másnap egész álló nap a **mezőn** vándorolt.
(The) Following daywhole standing day the field-on wandered
(all)

Az este közeledtével a farkas futva jött felé, és nagy
The evening-with coming-its-with the wolf running came towards him and greatly
() (At the evening)('s coming)

sietve azt mondta:
hurrying this (to him) said

"Összehívtam a királyság minden farkasát."
(I) Together-called the kingdom all wolf-its
(Gathered) (its wolves)

"Az **erdőben** várnak rád."
The forest-in (they) wait for you

"Szaladj a királyhoz, és mondd neki, hogy menjen fel
run the king-to and tell to him that (he) go up

a hegyre, ha a saját szemével is látni szeretné a
the hill-onto if the own eye-his also to see would like the
[if he wants to see with his own eyes]

csodát, melyet véghezvittél."
miracle which carried out

"Aztán gyere vissza hozzám, pattanj fel a hátamra,
That-after come back to me jump up the back-my-onto
(After that) () (on my back)

majd én segítek neked a farkasokat egy helyre
then I (will) help to the wolves one place-onto
() you

vezetni."
to drive

Ferkó tehát egyenesen a palotába ment, és jelentette a
Ferkó so directly the palace-into went and reported the

királynak, hogy kész a harmadik feladat teljesítésére is,
king-to that (he was) ready the third task fulfilment-its-onto too

a királynak csak fel kell mennie a hegyre, hogy
the king-for only up is needed to go the hill-onto that

mindent láthasson.
everything (he) may see

Majd	Ferkó	visszatért	a	**mezőre**,	és	a	farkas	hátára
Then	Ferkó	returned	the	**field-onto**	and	the	wolf	**back-its-onto**
								(on its back)

pattanva	bevágtatott	a	közeli	**erdőbe**.
jumping	galloped in	the	near	**forest-into**

A	farkas	egy	szemvillanás	alatt	körbefutotta	az	**erdőt**,
The	wolf	a	flash of the eye	under	ran around	the	forest
			(eyewink)	(in)			

és	abban	a	pillanatban	több	száz	farkas	termett	**előtte**.
and	that in	the	moment in	more	(a) hundred	wolf	rose up	before him
				(more than)		(wolves)		

A	farkasok	száma	egyre	csak	**nőtt**,	mígnem	elérte	a
The	wolves	**number-its**	continually	only	increased	until not	(it) reached	the
						(until)		()

több	ezret	is.
more	(a) thousand	too
(than)		

Ferkó maga **előtt** **űzte** a farkasokat fel a hegyre, ahol
Ferkó himself before drove the wolves up the hill-onto where

a király, az egész udvar és a testvérei is álltak.
the king the whole court and the siblings-his too stood

Csak a bájos királylány nem volt jelen, mert bezárták
Only the charming princess not was present because locked into
(they locked her intc

a toronyba, ahol keserves könnyeket hullatott.
the tower-into where bitter tears (she) shed
(tower)

A gonosz testvérek toporzékoltak és tajtékzottak
The evil siblings stamped and frothed
(at the mouth)

dühükben, mikor látták, hogy ármányos tervük elbukott.
fury-their-in when (they) saw that insidious plan-theirs failed
(in their fury) [their insidious plan]

A királyon viszont hirtelen erőt vett a rémület, mikor
The king-on (king) on the other hand suddenly strength was taken [overcame] the horror when

látta, hogy a tengernyi farkas egyre csak közeledik.
(he) saw that the sea of wolf (wolves) continually only approach (approached)

Odakiáltott hát Ferkónak:
(He) Hailed so Ferkó to

"Elég, elég, nem akarunk több farkast!"
Enough enough not (we) want (any) more wolf (wolves)

De a farkas, amelyik hátán Ferkó ült, azt mondta:
But the wolf which () back-its-on (whose back on) Ferkó sat this said

"Gyerünk, gyerünk!"
Come on come on

És abban a pillanatban egyre több farkas futott fel a
And that-in the moment-in continually more wolf ran up the
(in that) (moment) (wolves)

hegyre ijesztően üvöltve és fogait villogtatva.
hill-onto frightfully howling and teeth-its flashing
(their teeth)

A király rémületében azt kiáltotta:
The king horror-in this shouted

"Állj! Csak egy pillanatra! Neked adom a fél királyságom,
Stop Only a moment-onto For you (I) give the half kingdom-mine
() (half my kingdom)

ha elűzöd a farkasokat!"
if (you) chase away the wolves

De Ferkó úgy tett, mintha nem hallaná, és maga elé
But Ferkó so acted as if not (he) would hear (it) and himself before

hajtott még néhány ezer farkast.
drove yet (more) some thousand wolf (wolves)

A hegyen **lévő** emberek pedig remegtek félelmükben.
The hill-on being people though trembled fear-their-in (in their fear)

A király ismét felemelte a hangját, és odakiáltott:
The king again raised the () voice-his (his voice) and called out

"Állj! Megkaphatod az egész királyságom, csak hajtsd
Stop (You) Can have the whole kingdom-mine only drive

vissza a farkasokat oda, ahonnan jöttek."
back the wolves to there from where (they) came

A farkas azonban tovább biztatta Ferkót, és újra azt
The wolf however further encouraged Ferkó and again this
(kept on) (encouraging)
mondta:
said

"Gyerünk! Tovább!"
Come on Forth

Így hát Ferkó felhajtotta az összes farkast a hegyre,
So thus Ferkó drove up the all wolf the hill-onto
() (wolves)
míg azok végül rá nem vetették magukat a királyra, a
until they finally him-ontonot threw themselves the king-onto the
(míg nem; when) (onto them)() (on the) (king)
két gonosz testvérre és az udvartartásra, és fel nem
two evil sibling-on and the household-onto and up not
(brothers) (court-onto) [devoured
falták őket egy pillanat alatt.
devoured them a moment under
] (in)

Ekkor	Ferkó	egyenesen	a	palotába	ment,	és
This-time (Now)	Ferkó	directly	the	palace-into	went	and

kiszabadította	a	királylányt.
set free	the	princess

Még	aznap	egybekeltek,	Ferkót	pedig	királlyá	koronázták.
Still	that day	(they) wedded	Ferkót	and	king as	(they) crowned

A	farkasok	békésen	hazatértek	otthonukba.
The	wolves	peacefully	returned home	home-their-to (to their home)

Ferkó	és	hitvese	pedig,	akit	a	királyság	apraja	és
Ferkó	and	spouse-his (his spouse)	though	who (who by)	the	kingdom (kingdom's)	small-its (small)	and

nagyja	is	kedvelt,	sok-sok	évig	élt	békében	és
great-its (great)	too	(were) beloved	many many	year-for (years)	lived	in peace	and

boldogságban.
in happiness

175 Jó Tett Helyébe Jót Várj

BERMUDA WORD

The book you're now reading contains the paper or digital paper version of the powerful e-book application from Bermuda Word. Our software integrated e-books allow you to become fluent in Hungarian reading and listening, fast and easy! Go to learn-to-read-foreign-languages.com, and get the App version of this e-book!

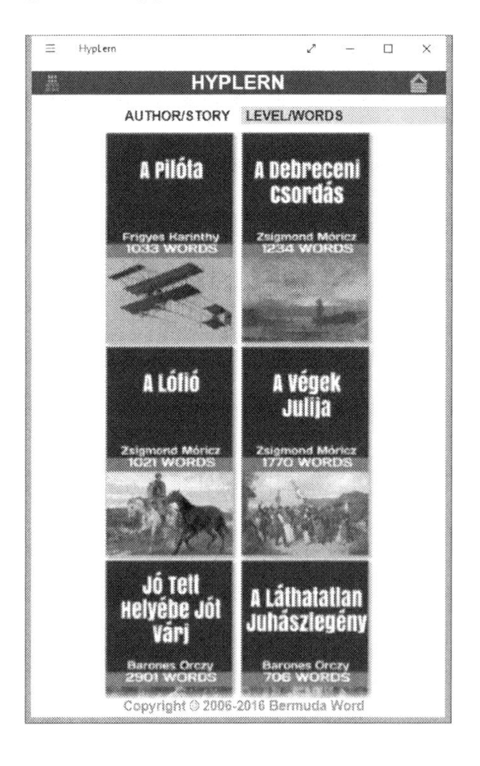

The standalone e-reader software contains the e-book text, includes audio and integrates **spaced repetition word practice** for **optimal language learning**. Choose your font type or size and read as you would with a regular e-reader. Stay immersed with **interlinear** or **immediate mouse-over pop-up translation** and click on difficult words to **add them to your wordlist**. The software knows which words are low frequency and need more practice.

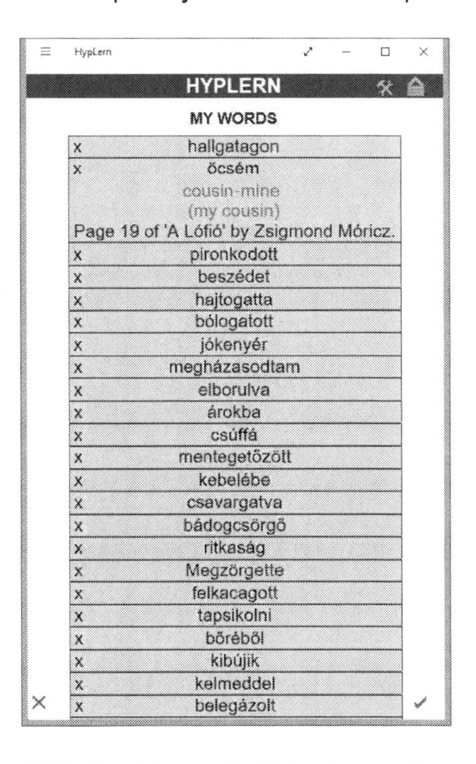

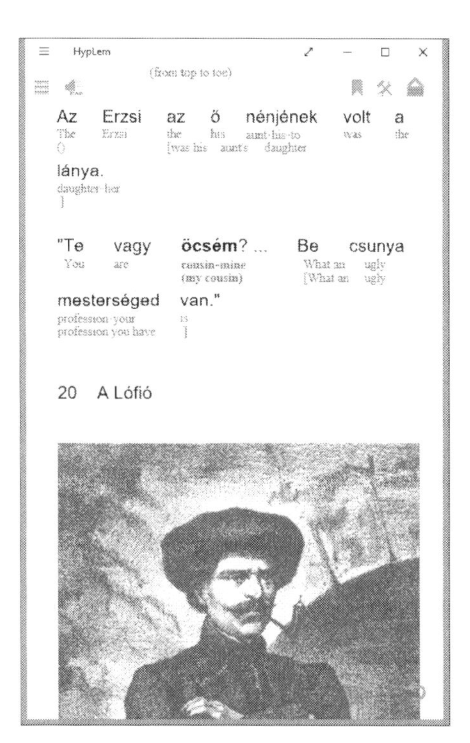

With the Bermuda Word e-book program you **memorize all words** fast and easy just by reading and listening and efficient practice!

LEARN-TO-READ-FOREIGN-LANGUAGES.COM
Contact us using the button on the site!

Printed in Great Britain
by Amazon